Anton Bruhin
Urs Engeler Editor

Anton Bruhin
Spiegelgedichte
und weitere Palindrome
1991-2002

EIERBREIE

a. Bühler
2016

6

Einzeiler

8

Amoralie = Heilaroma

Anna is' ohne Brot segnen gestorben. Hosianna!

Apo ruestet stets, Europa!

Barg Rom Ramses' sandnasses Marmorgrab?

Baue neu ab!

Betone Note B.

Blah-blah / halb-halb

Blaesse, Albblaesse, Alb.

Chor froh: C

Diesem mit stummem Mut Stimme seid.

Dieser Uhr Hure seid.

Ede, umknarret Salzlaster Rank? Muede umknarret
                               Salzlaster Rank, muede.

10

Edi zuletzt Ipsiererei spitzte luzide.

Edle Meise Opa Poesie melde.

E-Dur, Trude!

Egal, Klang ist Signal, Klage.

Egal, rede in eine Röhre. Erhöre nie Niederlage.

Ehe Arkadia Aïda kraehe, Arkadia Aïda kraehe.

Ehe sei stets nur unstet, sie sehe.

Eierbreie

Einer Ranke Isa nah; Tuere der Euthanasie knarre nie.

Einklang ist Signalknie.

Ein extra Zombie-Weib, Mozart. (Xenie)

Ein O-Ton, o Monotonie!

Eine Blase salbe nie

Eine, die nie sei, neide nie.

Eine Oboe salbet Oel fein, Kniefloete blase Oboe nie.

Eingewiesene sei weg nie.

Eins sie weiss: Sie weiss nie.

Ekle Meteor, Kroete melke.

Elan, Gisela, male Signale!

Er Eier kreiere?

Er Eierkette verklaere; real Krevette kreiere.

Er habe dabei die Badebahre.

Er haftet, fahre!

Erhöre Röhre.

Esel Apennin-Nepalese?

Es sage die Mama: Meide Gasse!

Etude verriss irre Vedute.

Exot gastiert. Streit. Sagt „Oxe".

Gelebt — Beleg

Git's neu, guenstig!

Gnu-Horde: Bedrohung

Gnu reite Art Lama: Maltraetierung.

Gnubalg, Amsel, Lamm; alles mag Labung.

Grab eine Tote nie barg.

Graben Nonnen nur, Brunnen Nonne barg.

Gralla-Fall arg.

Granate getroffen, Efforte getan, arg.

Handnutten alle bar im Mirabella, nett und nah.

Has Tat im Imitat sah.

Hase besann Name, Mann Nase besah.

Hase Sandnase sah.

Heil Farbmus! Umbra flieh!

Heil floh, o Klause Jesu; Alkohol flieh!

Hermelin-Estimiererei mit senilem Reh.

Höhere deine niedere Höh!

Horne: Dohle fuetteret Teufelhoden roh

[j=i] Ess in Jesu albern Reblaus-Ei: Nisse.

Klug? Ulk?

Koma-Salben? Nonne blas Amok!

Laediere Ideal

Laerm real

Lang ist Biel, bleibt Biel, bleibt Signal.

Lebe Unart, reihere hier Tran, Uebel!

Leg' er Ei, Brut, Same masturbiere, Gel.

Legere Idee: die Regel.

Liege Hexe, sie bete bei Sex ehegeil.

Maetress' erpress' Erpresserteam.

Maetresse bliese bei Liebeseil' besser Team.

Mag Lama Amalgam?

Marginal? Och, Colani gram.

Martina Locher dreh: Colani-Tram.

Mies-Mief pökele Köpfe im Seim.

Minimal: Am, in, im.

Minimum: Um, in, im.

Muedete Tedeum?

Tedeum muedet!

Mur eilet ohne Plan Alpenhotelier um.

Mut negier' Eigentum.

Nenne hier drei Eier, drei Hennen.

Netsurf, Banane, fahre Frustsurfer Hafen an. Abfrusten!

Netz Fuesse, die Leides seufzten.

Neu abbauen.

Nie lese „O Roeselein".

Niere grub neuen Neuenburger ein.

Niese sie Wege frei, Nase sanier', fege. Weise sein!

Notrakete — Karton

Notruf — Urton

O Tropenhoelle ohne Porto!

Ob Mammon Orte messe? Messe Metronom Mambo.

Orgel lass ab Furzruf-Bass allegro.

Orgellaenge gebe Ton, Note begegne Allegro.

Pils mit Bier treibt im Slip.

Plan Ebene rein: Alp planiere neben Alp.

Raps esse und Renetten; Erdnuesse spar.

Rebelle fuetteret Teufelleber.

Reell esse Kessel leer.

Regale reell leer, reell leere Lager.

Regensburg-Revue: Neu vergrub's Neger.

Rehe ohne Politnatur. Brutantilopen hoeher.

Rehe? Gehege her!

Reiberei, Brut-Samen; Nonne masturbiere Bier.

Reihe hier.

Reihe real klaere hier.

Reihere bei Feier Breie. Reihere hier Eierbreie; fiebere hier.

Reiz nur Eva verunzier.

Reni da lag, matt am Galadiner.

Renne Kreis revers, reversier, Kenner!

Renne, Pudel, lebe, löte; Töle belle, du Penner.

Reto borniert, rein Roboter.

Reue: Fegefeuer.

Revitare; Neger stets regenerativer.

Riegelhart-Sex ehret Sankt Knasterhexe. Strahle, Gier!

Rote Brandnarbe salbe, blas bald Labsal, beblase
                                          Brandnarbe, Tor.

Ruege Ur!

Sage du zu Degas.

Sau, du As!

Seele gern regele es.

Sei es

Seid euer froh; Chor freue dies.

Slowene? Wols?

So! Dran oele der Edle, am Egogemaelde. (Rede Leonardos)

So lege los!

Sold? Nur Grete moege Geometer grundlos.

Sonne Tennos

Sprinkle Oel, Knirps.

Starlet ohne Tun im Minutenhotel *rats*.

Submissär stets räss im Bus.

Submittent nett im Bus.

Suff-Idee diffus.

Tedeum oder Credo muedet.

Teuer Felle, Pelzle Pelle freuet.

Tiere besser plage legal. Presse bereit?

Tolle Germanen am Regellot.

Totrede Zeder, tot.

Treppe, die sehe, sei deppert?

Traut sie Bad, traut Stuart dabei Stuart.

Tu Ehre, buhle, sei liebevoll: *love* bei Liesel Huber heut!

Wo war im Atlas Altamira? Wow!

Ziererei: Gerade da regiere Reiz.

Zu, da Volksklo, Volkstum rar — Armutsklo, Volksklo Vaduz.

19

20

Spiegelgedichte

22

Neigung
18.6.91

Reib nie dein Knie liebsam,
oh Alkohol,
oh Oklahoma's Beil,
ein Knie — Dein Bier!

Eos
6.2.94

Negro, Morgenröte bei Stier liegt.
Sie tut's Negern anregen.
Stute ist geil — reit sie!
Betör Negro
morgen!

Im Tenn
8.3.94

Sag trägen Heubuehnen:
„Heubuehnen nennen
Heubuehnen Heubuehne."
Gärt Gas?

Huehner, Hennen …
Palindrome zeilenweise, 1999

Nenne Henne Henne — nenne Henne Hennen.

Legehenne kenne Hegel; nenne Hegel Legehennen!
Nenne Huehner, Eigelb, Legieren, Heu, Hennen.
Nenne Henne Hennen-Ei. Wie nenne Henne Hennen?
Nun lege Henne Hegel-Eier; freie lege Henne Hegel nun.

Leg o Vogel, nun leg Ei. Pst! Spiegel! Nun leg, o Vogel.
Leg o Vogele Gelege. Leg o Vogele Gelege, leg, o Vogel.
Nie lege o Voegelein Gelege — Geleg' nie lege, o Voegelein.
Nieren, Heu, Huehnerei; trage gar Tieren Heu, Huehner ein.

Nenn' Ehrenheu Huehnerheu. Ehren Heuhuehner Hennen?
Eher Ehe ahnen. Haeher ehe Seher Ehe ahnen. Haeher ehe.
Heil fliege. Wenn Ehe geil, fliege Henne weg. Eil, flieh!
Ehe Arkadia Aïda kraehe, Arkadia Aïda kraehe.

Streitrotten
1999

Ei, Streitrotten,
Gestreite verbesseret
nie Interesse.
Brevetiert, segnet,
tortiert sie!

Grisaille
2000

Nebel
It's time
Zieh eine rein
Gisela male, signiere
Nie heize
mit Stil — eben

Credo
2000 [j=i]

Nie dieser Herr ehret sie.
Maitre Jesu annihilieret Sonne
wenn Ostereili hin, naus eiert.
Ja MEister, HErr, Ehre sei DEin!

Gebranntes Kind
20.5.01

Renne, Kavalier,
besser esse Brei —
Lava krosser per
Repressor. Kavalier,
besser esse Brei —
Lava-kenner!

Hüben und drüben
3.6.01

Rehe ohne Bühnen hüben hoh
Ohne Bürde drüben hoeher

Rehe ohne Bürde drüben hoh
Ohne Bühnen hüben hoeher

Im Falle eines Falles
wortweise, 5.6.01

Uhu hoh
Bub nun tat
Uhu aua tot
Nun Bub hoh

Aua
Uhu nun rar
Aua Uhu tot

Oho
Bub tat rar
Nun Bub hoh

> *Eigeler-Elegie* < *
6.6.01

Rees; seine genitale Gelatine geniesse er.

* Rees Gwerder, vulgo de Eigeler, 1911-1998,
Doyen der Schwyzerörgeler

Nasszelle
7.6.01

Sag Bad ab.
Mit Bierteller
oft Forelle treibt
im Bad — Abgas.

Photographie
14.6.01

Rette o Genie.
Starre einer rigid.
Newtons Nebel
lebensnotwendig.
Irre! Nie errat'
seine Goetter.

Sirenen
15.6.01

Neppe den Amor.
Kenner hoere Beorgelei.
Viele groebere Ohren —
nekromane Deppen.

Bein, Knie, Zeh ...
zeilenweise, 16.-17. Juni 01

Nie betrete, zeterte Bein.
Eintrete, Zehe zetert nie.
Eintrete Zehe, Zehe zetert nie.
Nie betrete Zehe, zeterte Bein.

Ein Knie betrete, zeterte Bein, Knie.
Ehe zeterte Bein, nie betrete Zehe.
Ehe zetert Rebe, uebertrete Zehe.
Ein Knie, seine Genies: Ein Knie.

Ein Knie, sei dies ein Knie?
Ein Knie Bein? Nie Bein Knie!
Sei Knie Knie fein, kein Kies.
Ein Knie sei Kies, sei Kies ein Knie?

Rede in ein Knie kein Knie nieder.
Mut rette, Wade da wettert um.
Nie Brut antrete, zetert Naturbein.
Prall abtrete, zetert Ball Arp.

Einehe zeterte; betrete Zehe nie.
Nie Beine trete, zeterte nie Bein.
Nie Bein renne Renner, nie Bein.
Ein Knie trat Arte in Knie.

Nie Bein kniete in Knie Bein.
Bub nie sein Knab anknie, sein Bub.
Renner trete Zehe zetert Renner.
Nie einete Arte, traete nie ein.

Ironman
strophenweise, 19.6.01

Nie wegen Regnerei Minarette umrenne.
Amnesie-Regal legitimiere Töterei
mit Igel. Lager Eisenmaenner.
Muetter animieren gerne Gewein.

Eisenmaenner muede umrenne.
Amnesie lagere Gefuehle-Gestell.
Anknallet Segel, Heu fege Regal.
Eisenmaenner. Muede umrenne Amnesie.

Eher muede, Regel lehret Podexe.
Heidegras, nie Erika feuert Rehe. Ohne
Bahren, erhaben, hoeher treue Fakire einsarge.
Die Hexe dopt. Erhelle Gerede um Rehe.

Amusisch
21.6.01

Nebel,
Eisnote beheizt Amor.
Amusie leben: Knapper Kreis
um Amusierkrepp anknebel.
Eis, um Aromat ziehe Beton.
Sie leben.

Elfe
22.6.01

Reit
Nerz lohne
Reit Rose reit
Nerz lohne Dornen
Nerz renne flehe flenne
Denn Elfe helfen Nerz rennen
Roden Holz
Rentiere sortieren Holz
Rentier

Beigesetzt
22.6.01

Tot nun.
Muede, oede
umnebelt Signal Gewein.
Einehe gebet Eugenie Moral.
Atheisten gesegnet,
samten gesegnet im Retten.
Gesegnete Karrette!
O Gott Otto!

Goetterraketen gesegnet.
Termiten gesegnet.
Masten gesegnet.
Sieh Talar, o meine Guete!
Begehe nie, nie Weg.
Lang ist Leben,
muede, oede,
um, nun tot.

Modellierton
26.6.01

Alle Tunesier kneten Alpen.
Hab Mut, sei bereit; kenn Aetna separat.
Netto karre Terrakotten, Tara pesante.
Annektiere Biest.
Umbahne Planeten, kreise, Nutella.

Tartan
27.6.01

Eine Höhere höhne.
Bahnet Tora. Knete
karren träge Gärtner.
Heu fuehret nur netto,
karrete Gärtner Rakete,
Karrette, Wetterrakete;
karren träge Terrakotten
runter, Heu. Fuehren träge
Gärtner Raketen-Karotten;
haben höhere Höhe nie.

Nellys elf Punkte
2.7.01

- Eher Nelly dinieret Teufellebern.
- Unheil feuere nie die Renner.
- Betreue freier Fakire Manie in Amerika.
- Fakir fastet stets.
- Afrika freier feuerte Brennerei.
- Deine Reue feuere.
- Nie die Renner betreue.
- Freier Fakir fastet stets.
- Afrika-Fakire-Manie in Amerika.
- Freier feuerte Brennerei deine Reue.
- Flieh nun, Rebelle, fuettere in Idyllen Rehe.

Reh-Strophen
strophenweise, Juni 01

So lieb Reh.
Regeln an edele Bürger:
Herr, Ehre grübele den
Anleger herbei, los!

So leise sie hertrat im Seiden-
hoeselein — so leis trat Start
sie los. Nie lese ohne dies:
„Mit Art Reh eise sie los."

Golf so leise.
Sie reise so leise,
herbeilese lieb Rehe sie.
Lose sie reise, sie losflog.

So leise sie reisen mag,
Orte besah, Rehe sah;
Hase her! Hase betrog
Amnesie. Reise sie los.

Soeben hoeret sie Melodie,
Idee. Sehe Seele, Geher,
Rehe, Gelee, sehe See.
Die Idole meistere ohne Beos.

Ziergeissen
zeilenweise, 5.7.01

Reize Zier, ziere Reiz
Ziere Zier, reize Reiz

Ziege reize, ziere Geiz
Ziege ziere, reize Geiz
Ziere Ziege, geize Reiz
Ziere Geiz, Ziege reiz
Reize Ziege, geize Zier
Reize Geiz, Ziege zier

Ziege ziehe, heize Geiz
Ziege heize, ziehe Geiz
Ziehe, geize, Ziege heiz
Ziehe Ziege, geize, heiz
Heize Ziege, geize, zieh
Heize, geize, Ziege zieh

3 M
3 Palindrome, 9.7.01

Metromanie

Neu vertone Lied.
Nur Geheul bluehe.
Gruesse Metromanie.
Federe Gnu, Zunge rede.
Fein am Orte messe Urgeheul.
Bluehe Grund, eile Not. Revuen.

Metatonie

Noten hoere, Knall.
Atem ruf Urton mit Signal.
Metatonie betone die Melodie.
Idole meide. Note bei Not.
Atem lang ist im Notruf.
Urmetall ankere ohne Ton.

Metathese

Neger leben solle.
Kamelie truebe Reize
der Reihe. Seht:
Atem ziere der Rede Reiz;
Metathese hier rede, ziere.
Beurteile makellos Nebelregen.

> Eine nie <
6.7.01

Eine täte nie
Eine Tüte nie
Eine töte nie
Eine Tote nie

Eine Tote töte Tote nie.
Eine töte. Tote töte nie.
Eine Tüte töte Tüte nie.
Eine tote Tüte, Tote nie.

Eine Tüte töte Tüte nie. Meine Tüte töte Tüte nie.
Eine Tote töte Tüte. Nie deine Tüte töte, Tote nie.
Eine töte tote Tüte. Nie seine Tüte, Tote töte nie.
Eine tote Tüte töte nie. Keine töte Tüte, Tote nie.

38 *O Goethe*
strophenweise, 7.-8. Juli 01

Blaehte o Goethe Alb?

Eine Goethe-
welle wehte,
o Genie!

Eine, Goethe,
an Seide dies naehte.
O Genie!

Renne, Kavalier.
Bruehte o Goethe Urbrei;
Lava-Kenner!

Geisterei genieret sie.
Goethe Anna annaehte.
O, Geisterei negieret Sieg.

Einlage, Regie
Brett erhoehte.
O Goethe!
Oh Retter,
beige Regal nie.

Nie Tal segnen
ehe Alb blaehte,
o Goetter!
Rette o Goethe Albblaehen.
Enges Latein!

Sie lese:
Leisere Ohren erhoere.
Sie wehte, o Goethe.
Weisere Ohren erhoere.
Sie lese leis.

Sie, Leda, kraeh'
ohne Knarren Aïda.
Kraehte, o Goethe!
Arkadianer ranken
hohe Arkade leis.

Goethegospel
7.-8. Juli 01

Negro stets Arbeit.
Stuhllehne, Forelle,
Hohe Woge,
Welle Ziele verfruehte.
O Goethe, Urfrevel!
Eizelle weg, o Weh,
O heller Ofen hell.
Hut stieb.
Rastet, Sorgen.

Erhörung
9.7.01

Gnu röhre Rede:
Neider höre nie Melodie.
Niedere Höhe.
Nasa fliege geil Fasane.
Höhere deine Idole.
Meine Röhre diene
der Erhörung.

6 Verlagsregeln, strophenweise, 10.7.01

1. Regel: Revier drei,
vier, freuet Steuer,
freuet steuerfrei
vier, drei Verleger.

2. Regel: Revue nenne nie
Regel; Revue nie Brot-Idee.
Editor bei Neuverlegerei
nenne Neuverleger.

3. Reize Rehe. Ohne sie
reise Operette, netter Editor.
O Tide, rette nettere Poesie.
Reisen hoehere Zier.

4. Nereiden edieren.
Sie webt im *net*
Rosenhoehe ohne Sorten,
mit Beweis: Nereiden edieren.

5. Regel: Revier des Ponys.
Grabe Burggraben.
Heubuehne barg Grube,
barg Synopse drei Verleger.

6. Eine Drei.
Gebe der Revenuen neune.
Verleger, edier Kreide-Regel:
Revenuen neune.
Verrede Begierde nie.

Renates Hausen
10.7.01

Gnus Saft im Gnu.
Dung mit Fass Saft
gärt Renate gerne.
Gnu gerne reite herbei.

Leise hege, begehe sie lieb Rehe,
Tieren Regungen reget an.
Er trägt Fass Saft im
Gnudung mit Fassung.

Die Metzin
11.7.01

Tolles sie metzte,
setzte Meissel,
Lot, Ellen, Elle.
Dombau ab Modellen.
Elle, tolles sie metzte,
setzte Meissel, Lot ...

Drei Grazien
11.7.01

Leda naesse Ufer.
Ehe ohne Beisein,
nass am Ei.
Sie badet Eugenie.

Meine Guete!
Dabei sie mass Annie:
Sieben hoehere
Fuesse an Adel.

Kurschatten
12.7.01

Rentnerknabe,
Tier beduerf' nie Hure,
dies Nass-Intime ruhe.
Reiz ein Rentner nie Reh.

Liege Ruhegeld gar am See?
Stereo hoeret See.
Smaragd lege Hure geil herein.

Rentner nie ziere Hure
mit Nissan, Seide.
Ruhe in Freude
breite Bank, Rentner.

Via Mala
14.7.01

Granit tagt im Nebel, Otto, gib nun Ball ab!
Mag nur Edelmut im Sinne, trete Plasten.
Knittel-Libretto liesse Idee, feuerte treue Fee.

Dies sei Lotterbillett in Knetsalpeter,
Tennis mit Umlederung am Ball.
Ab nun bigott, o Leben mit Gattin; arg.

Kennen Sie den?
14.7.01 [j=i]

Zier bei Liebe frustiert. Sehe mit Lupe
der neuen Matrosin nett, im Osten besserts.
Der Flanell-Onkel jene Tiere reite.
Die Buehnenhaft im Golfball ergebe Urtiere.
Bleibe Biel bereit. Ruebe grell abflog.
Mit Fahnen-Heu beide Tiere reiten?
Eile, Knollen-Alfred, Stress ebnet somit
Tennisort am neuen Redepult.
Im Ehestreit surfe bei Liebreiz.

Zorbas' Basterli
15.7.01

Reiter hört Sirtaki-Not? Busuki?
Ah! Mit Sirtaki notiere Note.
Betone nie Retsinakanister eine Note.
Betonerei, Tonika trist im Haiku.
Subtonika, trist röhre Tier.

Krüsimüsi
15.7.01

Feh-Chor fliehe Föhn.
Erhoere Horner. Hörner hoeret.
Nutella-Buehne, sieh Colani Modem,
Henna-Radiererei daran.
Nehme Domina Locheisen. Heu ballet
untere Ohrenröhren, rohere Ohrenhöfe.
Heilfroh, Chef!

Gasbaelle
15.7.01

Rehe ohne Gnu. Notbau
arge Nöterei. Tonne tut Not.
Nie rede, nur eines sieh:
Senilem Reh Hoelle absage.

Treue fair, Olga lob.
Motor überhitzt
ihre Büro-Tombola.
Gloria feuerte Gasbaelle.

Oh Hermelin, es heisse nie,
Rune der Einton-Tuten
notiere Töne grau
Abtonungen hoeher.

Von höchsten Höhen
9.8.01

Vitale Ehe ohne die Meisen-Nonne.
Die Mnemen meiden Nonne.
Dürre die Blueherei verblueht, sie meistere Iglu.
Meret toete Tuaregs, gerautete Tuaregs.
Gerautete Otter emulgieret sie meist.
Heulbreviere heul bei der rüden Nonne.
Die Mnemen meiden Nonne.
Sie meiden Hoehe — Elativ!

Klaergrube
11.8.01 [j=i]

Knute Knut lege Naturbrett an eine Burg.
Legere Rede: Intime Burg real.
Klette, fette, feiste, dabei sei,
wie jetzt Eitle verfettet,

Kotzrufe, Furzrufe furzt, Oktette frevelt jetzt!
Ei ei, wie sie badet, sie fette Fettel,
Klaergrube mit niederer Egelgrube.
Nie Natterbrut an Egeltunke tunk.

48   *Dreigesang*
       13.8.01

Tarne nie Wein, tarne nie Weinerei, Tedeum.
Tier bereit. Mueder Rat kenne Betrug,
mies, ohne Dollarkassa. Motette fuehret
Falknerei, verbarg nie Sand. Lege Geld.

Nubier fetten intim Stiere. Bei Stieren haftet rote Zier.
Reit sie bereit, rede, fliehe, sei Retter, rette wer.
Runkel reue Abt, Baeuerle knurre Wetter.
Rette Riese heil! Federtiere bei Stier reizet, ortet Fahne.

Reit sie bereits mit Ninette. Freibund lege Geldnase.
In Grabrevieren Klafter Heu fettet Omas Sakral-Loden-Hose.
Im Gurt eben Nektar. Rede um Tiere breit.
Muede Tiere nie weinen Rat, nie weinen Rat.

> O, nur Bruno < *49*
14.8.01

O, nur Bruno, das Tier fuehre Domodossola.
Tieren neu: Duenne dolle Dame rede intime.
In Eisenhaft hänge weis Reh;
Erdball anknete.

Karla erneuerte, sie webte lohe Roete,
meist fahret sie Meter.
Heu freuete sie. Rasant fahret sie Meister.
Heu fuehret sie meisterhaft.

Nasa reise teuer.
Fuehrete meisterhaft sie Meteore.
Holet Beweise treuen Realraketen.
Knall' Abdreher sie weg.

Näht Fahne sie nie mit niederem Adelloden.
Neu: Duennere Italos,
Sodom oder Heu;
freit Sado nur Bruno.

50 *No tata!*
17.8.01

No tata! Keiner hört Signal. Keiner hört Signale.
Gatte blas, niete Bier, Eva. Gatte fliehe nie Ehe an Naehe.
Ohne Leid sie Traene benutzt. Unmut negieret sie.
Geniere Reiz, o, verhuelle Genua, Sophie!

Wegen Regennot Neger trage Weintonne.
Trage wer Heu, Freitierfuehrer Helm.
Minne sah ein: Eher eine Innerei krame Leid.
Sie taten Urne leid. Sie netzten Eisdielen.

Rune tat Eisdiele markieren, nie nie Rehe,
nie Hasen. Nimm Lehrer heufrei.
Tier fuehre weg, Artennot nie weg.
Art Regentonne gerne Geweih-Posaune gelle.

Uhr evoziere reine Geister.
Eigentum nutzt unebene Art Eisdielen; Hoehe an Naehe.
Eine Heilfett-Agave reibet ein, salbet tagelang.
Ist Röhre nie Klang? Ist Röhre nie kataton?

Täte sie dies?
19.8.01

Seide, Seide täte nie leid. Ehe, o Hoehe!
Ohne Tat Diener Rehe heilte. Urne nie stiert.
Sehe Rune Gras, Edelheu wegmaehen.
Im Urner Heufelde Rentner stets grasen.

Hoehe! Oh, Redefreude beduerfe
der Redefreizeit kaum;
eher Reh, Emu, Aktie, Zierfeder;
Redefreude beduerfe der Hoehe.

Ohne Sarg stets Rentner [Edle fuehren rum
in Ehe am Gewuehle des argen Urehestreits]
einen Ruetli-Eheherren-Eid taten.
Hoehe, o hoehe die Leine. Täte diese dies?

Worldmusik
19.8.01 [j=i]

Horne Tuareg an.
Bananen-Jud ebnet Tunesier.
Nasser Pegel; Bad lege gelb Asier.
Pruegele Leo Siamese immun.

Edle Heldennamen.
Hossa! Der Held narre Beule.
Beule fuettere Fuelle von Arena-Bahnhöfen.
Hotelier eilet ohne Föhn.

Habanera-Novelle.
Uferet Teufel uebel ueber Rand.
Lehre das Sohnemann:
Edle Helden um miese Maisoele lege,

Urpreis ablege,
Geld ablege,
press Anreise-Nutten Beduinen an.
Abnage Rauten roh.

Aus einem dicken Buch ... 53
20.8.01

Vitale vergeilet Tunesier: Pekinese im Gehege weide.
Die Medizin (...) monetare Grund.
Nubier fege weg Ramadan, Refus!
Oma sie betreuete, beteuert nur Eva.
Verhuelle Bild nun Huhn; Hahn in Harem müdete Reiz.

Nur Eva verehre Totreiberei [Luka].
Jene Zote vor Kamera:
Wo masturbiere Toter?
Ei-Brut, Samoware, Makro, Veto, Zen?
Ejakuliere Bier, Toter, her!

Eva verunzierete dümmer Ahnin, Hahn, Huhn und Libelle.
Uhr Eva veruntreuete, beteuerte bei Samos Ufern Adam.
Arge Wege; Freibund nur geraten Omnizide. Meide die Wege.
Hege miese Nike; preise Nutte; lieg revelativ.

Brechtüte
21.8.01

Koma-Salben? Nonne blas Amok,
Nonnen, Nerz-Rennerei!
Nano-Rehle siegt, siegle Daniel Leu.
Hell ehret Siegerei; verbreie nun Eier.
Bela rotzte jetzt okkult im Kajak mit.
Luk kotzte jetzt orale Breie, nun Eier.
Breviere, Geister, helle, huelle in Adel.
Geistgeisel heronanieren. Nerzrennen,
Non-Koma Salben? Nonne blas Amok!

gebeten
21.8.01

Euer Treu! Fuder Heu frei verrotte;
töte beide Diebe. Idee — Dilemma!
Sie bat Agata: „Bitte beide."
Die Betti bat Agata bei
Sammelidee, die beide Diebe tötet,
Tor: Revier fuehre du fuer Treue.

Hesse bei Laune geborgen
20.8.01 [j=i]

Red nur vital; erroete Mai Kontrabass.
Irrer Held mehret Terror, freue, fiebre.
Beifuehrete Reiter ratsam Rad.
Mit Zierrebe Leguane tagen:
„erneuert-nutzt-eitle-tiefes-sehne-grobe"
Genua, liebes, sehr edle Feld.

Eisrebe ueberreite.
Geld lehre: Beule beige Geld.
Name jeder Rebe ueberrede.
Ziere Mähne die Heiden, Nabel.
Höhere Jula, verehrete Maid muss
Annette fetten, oja, Bajonette fetten.

Nass um Diameter her
evaluiere Höhle.
Banne die Heidenhäme.
Reize der Rebe ueberrede jemand.
Lege Giebel ueber Held, lege Tier,
Rebe, uebersiedle Felder.

Hesse bei Laune geborgen.
Hesse feitelt jetzt
untreuen Renegaten Auge, Leber,
reizt im Darm, Ast arretieret er, Heufieber.
Bei Feuer fror Retter, Hemd Lehrer riss ab.
Art Nokia-Meteor relativ runder.

> Rune der Rede nur <
21.8.01

Rune der Rede fuehret;
sei bereit, rede freie.
Leg ovo, Brutleger, Ei, Brut.
Same Spieles Sieger.
Eitles Siegel lebe, mähe Klee.
Idol lebe. Belebe Bello
die Elke, Häme belle.
Geisseltiere geissele;
ipse masturbiere Gel.
Turbo-Vogeleier, Federtiere,
Biester, Heu, Feder. Rede nur.

Schwarzweisspalette mit Rot
22.8.01

Rot matt, Algebra-Farbe. Zebraflösser prima Glossar.
Kavalier frei hetze set (Satz Tennis = set) mit Tennissehne.
Dürre sei Duene, Neid rede gelb. Allee diene Benito!
Gemurr ehre Gene neuer Treue.

Neger Herr um Egotin? Ebene ideell ablege.
Diene neu dieser rüden Hessin nett im Tessin.
Netztaste setzte hier frei Lava, krass.
Olga mir press Ölfarbe, Zebrafarbe glatt am Tor.

> *Guzzli-Filz-Zug* <
22.8.01

Guzzli freuet Film.
Euer Teller, o Feuerteller, pelle.
Zagt Samuel; Leo zoegere, höhne Fähre.

Die subtile Kabel-Lore rolle;
gehe der Guzli-Eilzug.
Rede Hegel: „Lore rolle".

Bakelit-Bus, ei,
der Häfen höhere Geo-Zoelle
um Astgazelle prelle.

Treue Forelle
treuem Lift.
Euer Filz-Zug.

Luganeser Elegie
22.8.01

Treuefrei vermietet Senne.
Sieh colossal Nana grossa!
Meta motzte; Segen holet bei sieben.
Hol mit Seil Baronesse Kassa.
Naiv mit Sorte Gudrun in Elba sie golft.

Senne yodel mit Senne.
Barbarei, vermietet Surferei Genua?
Liebe volle fuetteret teufe Lager,
Melasse im Granit-Silo, Rübe.
Reiterei kommod, Gnu-Regale.

Bereis' in Amor Leporello:
Volle Chor freie Lamm-Amnesie nieset.
Sägt Fahrerei Goldnut, sagt Fahne.
Freu Duenne neu, Duene sandnass.
Alles Nähere Hänsel las:

Sandnase neu, Duenen neu. Duerfen
Haftgast und Logierer Haftgäste sein?
Eisenmamma leier froh Cello:
Voller Opel romanisiere Belagerung.
Dom mokiere Tiere, Bürolistin arg, mies.

Salem-Regale
fuetteret Teufel.
Love bei Laune giere.
Frustete im Revier. Ab Rabennest,
im Le Doyen-Nest flog Eis ab.

Leni, nur du getrost im Via Nassa
kesse Nora bliest, im Lohne,
bei Siebtel ohne Gesetz.
Tomate mass Organ an Lasso.
Locheisen nestete im Revier. Feuert.

Retrovision
22.8.01

Rosi vor Termine tun. Immune tun Immune.
Heul Bello-Ware, mach Coltrane-Sahne.
Dies Lama male Lama, Kaplan, Atlas, Altane.
Hülft Sinn? Edel Amsel las alles:

Male den Nistflühen-Atlas alt an.
Alpaka male Lama, mal Seidenhasen-Art.
Loch-Camera wolle bluehen um Minuten,
um Minuten im Retrovisor.

> Rede jeder <
22.8.01

Rede jeder Rede.
In Tonne tunk netter Omas'
Sekretär Brunello Watte.

Malen Alpaka Kaplane?
Lamm male Lama, male Lamm.
Malen Alpaka Kaplane, Lametta?

Wollen Urbräter kess
Amoretten knuten?
Not niederrede jeder.

> Nebel kleben <
zeilenweise, 23.8.01

Lebe uebel, klebe Nebel, klebe uebel.
Leben egal, klebe Nebel, klage Nebel.
Kläbe Genie hier frei Heine Gebälk.
Nebel klebe Ukelei. Viele Kuebel kleben.

Leben kleben Mitte fett im Nebelknebel.
Leben sie Mitte. Fette fett im Eisnebel.
Leben kneten Knebel, eben kneten Knebel.
Leben Knebel Revue neu, verleben Knebel?

Nebel, Knebel, rege Ulk? Klueger leben, kleben.
Nebelt im Nebelgewoelk Leo weg? Leben mitleben.
Egal, klebe Nebel Rebe. Urtrueb erlebe Nebel Klage.
Leben Nebel nie fad? Nebel eben da, fein leben Nebel.

Kopierfee
24.8.01 [j=i]

Renn, Eremit! Nie mit Gage Kamera veredeln!
Hol mit Geld nun Reh, Cabaret nutzt Eitlem.
Mag am Mammon-Gnome Kopierfee.

Frei Pokemon-Gnom Mamma gammelt jetzt
unter Abachern und legt im Lohn Leder-Eva.
Remake gag, time in time. Renner!

Löwenragout
24.8.01 [j=i]

Jute mir Huelle zierete.
Maid mued näht Samt;
in Oberhemd nun Name.

Hexerei vermiete Karma.
Stark im Oktett ersungen,
Nonett unreif. Argot kehre nie.

Sie Bettag esse nie fette Milz,
Rehe rein; esse usuell Leu,
suesse Niere, Herz, Limette fein.

Esse Gatte bei seiner
Hektografiernutte.
Nonne Gnus rettet, Komik ratsam.

Rakete im Revier, Ex-Ehemann
und mehr: Ebonit, Mast, Hände um
Diameter, Eizelle, Uhr im Etui.

Thermisch
6.9.01

Sie nie in Eis erfror,
Frenesie, nie sie lege Tier.
Beheize Brennero, Tuareg.
Näsele Sänger.
Autorenner beziehe
breite Geleise in Eisen.
Erfror Fresie nie in Eis.

Kolonialwaren
26.8.01 [j=i]

Esse Ur,
gruesse Monat Jaguar gruen.
Am Regiestuhl hat's Mief.
Urbanes sehr unedel.

Leu fresse Brei.
Vermies Samoa Kakaomasse.
Im Revier besser fuelle
den Urhessen ab.

Rufe im Stahlhut:
„Sei Germane urgrau!"
Gaitano messe Ur.
Gruesse.

Etude
zeilenweise, 25.8.01

Reizt Zier?
Ziert Reiz?
Zier sei Niesreiz.
Reiz, sei dies Zier?

Niesen, Nonne sein.
Nie sei sie sein.
Nie reise sie rein.
Eine Sie reise nie.

Sinne truebe Urtennis
Seine gruene Urgenies
Sinne treu fuer Tennis.
Treuen Reitstier neuert.

Reiz Revue neu verzier.
Zierrebe, urtrueber Reiz.
Reiz Ruessel, esse Urzier.
Esse Runzlipilz nur, esse.

Einet Sau quasi Sauquaste nie?
Reiten Nonnen Nonne, Tier?
Tagen erneuert treuen Renegat.
Tiere bereuen, stets neuere bereit.

Zierat
31.8.01

Zier? Soll eine Ziege in der
Nessel Edel-Leu suesse Zier sein?
Esse meist Zierherz, lasse Intimes
sehr egal. Nette Bettenlager!

Hesse mit Niessalz Reh reizt.
Sie messe Niesreiz,
esse usuell Edel-Essen.
Red nie, geize Niellos Reiz.

weg
zeilenweise

Gewebe weg
Gewehe weg
Gewette weg
Gewetzte weg

Gewelle weg
Geweine nie weg
Geweine — Genie weg
gewesene Genese weg

gewisse Jessi weg
Gewirre — Gerri weg
Gewiesele sei weg
Gewinn Anni weg

Gewoell — Leo weg
Gewoelk — Leo weg
Gewoelk — Kleo weg
Gewoge — Ego weg

gewogen — Ego weg
Gewogenen — Ego weg
Gewuehl — Heu weg
Gewuehl — Edelheu weg

gewann Anna — dann Anna weg
gewisser Kiwi — Kressi weg
Gewoelbe heb' Leo weg
Geworgel lass Allegro weg

da
30.8.01

Adi da
Adele da
Adama da
Adretter da

ade Leda
adele Leda
adle mit Imelda
Adam alt — Lama da

Adria fair da
Adesso Sosse da!
Adamos Oma da
Adebars Rabe da

Adellehre erhelle da
adressiere Reisser da
Adresse besser da
Adressant Nasser da

Adam Riese — Irma da
Adele — Ivana — viele da
Adlat mit im Tal da
Adria labere — Balair da

Adonis — ach Casino da
Ader her — Ehre da
Adrenalin mit im Nilaner da
Adresse orgele groesser da

> Tukan akut <
strophenweise, 1.9.01

Lori-Piepserei,
Papa, diese
Leda kraehe
ohne Beos nun.
Soeben, Hoehe Arkade,
lese Ida Papiere.
Spei Pirol

Tierbrei
verrats, rede!
Spatz tapse
die Meise,
sie meide Spatz.
Tapse der Star
Revier breit.

So leise rede,
fliege Nasa frei,
vermietete Uhu Bar.
Amsel las alles.
Marabu huetete
im Revier Fasane.
Geil federe sie los.

Eier freie Geier,
freie Meise, Spatz!
Tun eben Häher Feile begehen.
Hähne hege,
beliefre Hähne,
benutz, tapse sie.
Meier freie Geier, freie

Adler, Raben,
hoehet Stare.
Die Meise,
sie Messer fuehre.
Fahrer Hafer, Heu fresse.
Meise, sie meide Rat,
stehe ohne Barrel da.

Streif Argot, kehre hier Ei.
Wenn Ehre höhne,
golfe gerne sie.
Meiden Hähne die Meisen?
Akute Tukane, sie meiden Hähne.
Die Meisen rege flogen höher.
Henne wie Reiher hektografiert's.

Niststudie
31.8.01

Vita Luka.
Jesu Singamsel lehre:
Wer Helles mag, nistet.
Sinnerei: Germane heiz Retsina.

Gross umlege Ross,
alles Ego-Ziererei.
Kommune nur Muehe um Runen
hat im Eisnebel, Mueh.

Profi Rat sag neuen Gastarif.
Orpheum leben sie mit Ahnen,
Urmuehe um Runen.
Um Mokiererei zog Esel Lasso.

Regel muss Organist erziehen.
Am Regieren nistet Singamsel;
lehre, wer Helles mag;
Nisus, ejakulativ.

Amaretti
strophenweise, 2.9.01

Ein Amor kenne Rede
in Rede. Bei Leide neide,
bei Liebe diene die Liebe
der niederen Nekromanie.

Amoretten leben nebenbei
legale geile Nebenleben,
nebeln ebene Liegelage
lieb neben Nebel netter Oma.

Nette Romane, die bei
duennen Nonnen nisten.
Mit im *net* sinnen Nonnen
neu die beiden Amoretten.

Laut irret, siegt geil,
federt geil fette
Roman-Amorette; fliegt
Rede, fliegt Geisterritual.

Rede fuehre Rede intime,
geil. Fette Roma, laut irret Sieg
mit im Geisterritual. Amorette
fliege mit niederer Heufeder.

> *Hasebürzle Pelzrübe sah* <
2.9.01

Hase bürzle Platz, renne Tor.
Mit Ross erneuert Maennerherz
Rennerei des Rosses.
Sag nun hallo, stumm hallo.

Dilemma: Betta Weinreb Lesbe? Irre!
Wer duzt, röhret. Spanner hört
Sultanat-Luströhren, Napster hört zu.
Drewer rieb selber nie Watte.

Bammel-Idol lahm;
Mut soll Ahnung Assessors edieren.
Nerz, Reh renne am treuen Ressort.
Im roten Nerztal Pelz Rübe sah.

aux assassins

2.9.01

Kif-Argot kehre nie mein Netz.
Tunesier prüfet Öl,
fettet Omnia gar.

Eventualer hören: Reger
höret Satie. Besser prüfe Niet,
nagele der Nein moege.

Lebet Satz Lohn,
rodet Rosenholz,
lohne Sorte Dornholz.

Taste belege Omnien, red elegant,
eine für Presse bei Taste 'Röhre'
gerne röhre laut.

Never again Motette flöte
für Preise — nutzten
nie meiner Hektografik.

Kreter Wein
5.9.01

Eber zieret Fahne, sei Rebe.
Weiss sie, wie sie Regie fuelle?
Giesse ein Retsina, Kreter.
Tret nur Untertan.
Ist er Regal, Lagertonne?

Dromedare gerade morden.
Notregal, lager Retsina.
Tret nur Untertreter, Kanister nie.
Esse Igel Leu, Feige, Reis, Eiweiss.
Sie webe riesenhafte Reizrebe.

Dem Harem
8.9.01

Dem Harem miete Uhren
neu, duenner Hueter.
Treu ablege Seide, salbe.
Lege Strohmatte bereit, Nomade.

Ist sie da, montiere Bett am Hort.
Segele, blase die Segel,
Bauer, trete Uhren neu duenner.
Huete immer, Ahmed.

Am Waldrand
10.9.01

Herd nah Tanne,
ganz Rehsarg Maeher reue.
Feuer treu fuehret Eugenie,
stets in ein Regal Tonne tue.
Liebe sie Wiesel.
Heu wuehle, der eilet
ohne Knarre. Dein Geld mehre,
dein Geld lehre Rehe Urfeuer,
frage gar fruehere Rehe Urfrage.

Gar freue. Frueherer Held,
leg nieder Hemd,
leg nieder ranken Hotelier edel.
Heu wuehle,
sei weise bei Leuten.
Notlager nie nistet seine Gueter;
Heu fuer treue Feuer.
Rehe am Grasherz nagen.
Nathan, dreh!

Hermine
10.9.01

Eine sei netter, oja!
Majorette umnebele
Hermine, die Weisere.

Ohne Hast im
Eisregal Mine Sahne
bei Siebtel rühre, verhexe.

Sie bei Sex
Ehre verhürlet;
bei sieben Hasen im Lager.

Sie mitsahen, hoere sie weiden.
Im Rehe leben Muetter, oja!
Majorette niese nie!

Hirt im Halbschlaf
11.9.01

Nett am Sarg, Rederei vermietet Sinne.
Die Liebe Geld mehret; Nutten leben mit.
Senn eben mietet Sinne der Rede
inmitten Grasmatten.

Nett am Sarg, nett im Niederreden.
Nistete im Nebennest, im Nebel nett.
Unterhemd lege bei Leiden.
Nistete im Reviere der Grasmatten.

Heidi und Presse
12.9.01

Sold? Leger Heidi ehrete Medien-Regeln:
Ablege die Seide für Presse. Bei Sex
intim mit Nixe sie besser prüfe die Seide.
Gelb-Anleger neide;
Meter-Heidi ehre geldlos.

absteigende treppe
12.9.01

runter
tret nur nepper
trete peter
tret nur runter
trete peter
treppen runter
tret nur

otto nebels rune
12.9.01

leben mit belegen
urne belege leben
rune gelebt im nebel

Gnu-Gebrabbel
strophenweise, 13.9.01

Gnu Rede fuehre nie.
Sieben reglet bei Siebtel gerne —
bei seiner Heufederung.

Gnu Regale neide, sie legen
am Lager die Liebe bei. Leidregal,
Manege leise diene Lagerung.

Gnu nie messe Usuelles ab.
Nie bahne Wölfe im Mief, Löwen.
Habe in Basel Leu suesse Meinung.

Gnu leger Retter bei den
Holzrahmen abruf. Urbanem Harz
lohne die Bretterregelung.

Gnu rede frei, Tiere gelb legiere,
nie siebtelet bei seiner
Eigelb-Legerei Tierfederung.

Gnu nie meisteret Teufelin.
Esse im Klo Volk mies.
Senile fuetteret sie Meinung.

Gnu gerne geriebene Idee
streue, feuert See,
diene bei Regen Regung.

Gnu-Regie weise refusiere Beulen,
nutzte Segen, höhne Gesetz-Tunnel.
Ueber Eis ufere sie Weigerung.

Gnu-Reigen repetierts.
Ball anknalle hell an Knall.
Abstreite Pernegierung.

Argot
strophenweise, 13.9.01

Esse Meteor Knef. Argot oft
Fotografen-Kroete messe.

Nie begreif' Argot —
oft fotografier' Gebein.

Ettore, nie der Hektograf
Argot kehre deine Rotte.

Hornregel: Hektografier,
greif Argot Kehle gern roh.

Statt Topf Pantograf pantet Napf
[Argot=Napf], Pott tats.

Rede Ledernes sagt, Fotograf.
Argot oft Gassenrede, Leder.

> hol Floh <
13.9.01

hol Floh	sah Has	grub Burg
Lohn hol	Reh her	lieg geil
nie sein	dies seid	traf Art
nie mein	die seid	trat Art
nie dein	die leid	trag Art
dreh Herd	Grab barg	Tram-Art
rund nur	trug Gurt	Trax-Art
nie Bein	sei mies	bei Sieb
nie Pein	sei fies	bei Dieb
nie Hein	sei dies	bei Lieb'
Heil flieh	reit Stier	Tran-Art
roh Chor	Horn roh	Trab-Art
nie rein	red' er	ein Nie
nie fein	red' der	ein sie
nie nein	red' wer	ein Knie
Herd dreh	reit Tier	reiz Zier
lieh Heil	reib Bier	zier Reiz
nie kein	sie leis	Salz las
nie Wein	sie weis	soll los
nie Tein	sie seis	so los

Möchtegernwitwer
15.9.01

Eine ist kluge, weise.
Bier teuert im Nebel.
Ehe mit Ninette bereue.

Trage Bahre neben Ebene,
belege Ilex Ehehexe-Liege.
Lebe neben ebener Habe.

Gar teuere Betten,
Intim-Eheleben mit Reue
treibe sie weg. Ulkt sie nie?

11.9.2001
15.9.01

Amoralie!
Hege Islam Reue;
feiner Riese irret.
Siegerei: Rom-Embargo.

Grab memoriere,
Geisterriese irre!
Nie Feuermal siege,
Heilaroma.

Edler und Gammler
15.9.01

Adel' der Edle Kamelie,
trueb eine Reine nie.
Hase Nieren esse mit Reis.

Iten gammle,
Gammler Elm mag,
Elm magnetisiert.

Im Essen er eine sah,
eine Niere. Nie beurteile
Makel der Edle da.

Bretterbuehne
16.9.01

Retter bereueten Heu.
Bretterbuehne teuert
Suehne, Makelei. Vier,
eher drei verminen Ebene.

Dora meide die Welle, Segel.
Tiere dienen Nonne, sie liebt Art.
Traf Fohlen Nutte im Miettunnel.
Hoffart trat bei leisen Nonnen Ei.

Der eitle Geselle weide die
maroden Ebenen im Revier.
Dreherei, viele kamen, Heu streueten.
Heu, Bretterbuehne, teuere Bretter.

Salzregal
17.9.01

Sei Melodie Dame der Rehe.
Ohne Geräte heue.
Nette Buehne tue Liebe Lohn.
Holzlaster Heu fuehret.

Salzlaster hob Lagermiete.
Bette bereit Imitat-Karte für
Presse, meint nasser Daniel.
Esse Kefir, atme, rede intime Rede.

Oktav-Reservat kostet
stets allen Nutzlast
im Regal. Lager mit
Salztunnel lastet stets.

Oktav-Reservat koedere mit
niederem Tarife Kessel.
Ein Adressant nie Messer prüfe.
Traktat imitiere, bette, bete im Regal.

Bohret Salz. Laster Heu fuehret.
Salzlohn hole bei Leuten, Heu.
Bette neue Hetäre Gen hoeher.
Rede Made Idole mies.

Omnizide Medizin
19.9.01

Reite heil, fliege in
eine Liegewolke, Daniele.
Fähe sah Rebe, Rabe Daniels Siege.

Herzrenner, Reh nie reite Rehe.
Ohne Gehege omnizide Medizin moege
hegen hoehere Tiere in Herrennerz.

Rehe, Geisslein, Adebar, Eber, Hase;
Häfelein ade, Klo weg.
Eile nie, nie geil fliehe Tier.

Lose drei
strophenweise, 19.9.01

Erhöre Idole. Metamotor
Ueberhitztunnel uebel ueberhitzt.
Ihre Beule Beulen nutzt,
ihre Buerotomate Melodie röhre.

Reit Nerzrenner Reh.
Mitreisser Danieles Manege
gegen Amselein adresssiert
im Herrennerz Rentier.

O Grab! Metrophobie Wetter rette.
Wolke reite Pergola nass. Analog
repetiere Klo. Wetter rette Weib,
oh Port, Embargo.

> *Gnudung* <
zeilenweise, 19.9.01

Gnudung
Gnutötung
Gnu-Bebung
Gnubelebung

Gnu lese Eselung
Gnuherdedrehung
Gnu reue Feuerung
Gnu reue Teuerung

Gnugewebewegung
Gnu reue Neuerung
Herz nage ganz, Reh
Rehpate — Metapher

Rehniere herein, her!
Gnu neide Bedienung
Reh starb — Brat's her
Gnu-Horde Bedrohung

Her renne Renner-Reh
Gnu dungete Gnudung
Rehe Urfresser frueher
Gnu beuge weg Uebung

Gnu lies „Bauabseilung"
Gnu-Kreme, Bemerkung
Gnu-Regie wo Weigerung
Gnugatte nie einet Tagung

Gnu-Reim: Rad-Armierung
Gnu reime Arp: Praemierung
Gnu gelb — arge Grablegung
Hernie seziere, reize sein Reh

Nie reihe Rehe ehe Reiher ein
Gnu leset: Geist siegt Eselung
Gnu leset: Geiss siegt Eselung
Gnu gern esse dessen Regung

Rehe ahnen jetzt einen Haeher
Gnu belebe nie keine Belebung
Gnu-Ton eben höhne Benotung
Gnu Bier nie belebe in Reibung

Gnu Geld nur gebe Grundlegung
Gnu-Gewebe nie reine Bewegung
Rehe ohne Bahren erhaben, hoeher
Rehe ohne Golfball abflogen hoeher

Gnu lief rund nur: Grund nur Feilung
Herr Edna, mal Ast, Salamander, Reh
Rehe ohne Gnu lege gelungen hoeher
Rehe ohne Golfbaelle abflogen hoeher

Hermelin-Estimiererei mit senilem Reh
Gnu neide, beneide, bediene Bedienung
Gnu rede frei: Zebrafarbe, Zierfederung
Gnu-Herde dreh um Emu-Herde Drehung

> *les mal amsel* <
zeilenweise, 19.9.01

salm las
hase sah
reh eher
sah has

sah uhu has
has uhu sah
reh nebenher
lese uhu esel

les mal amsel
esel uhu lese
eber esse rebe
has renner sah

Sitar gratis
20.9.01

Rat, ist Sitar Apparat?
Sie sei Star einer Edelrevue.
Neu verliebt im Hort sie stieb.

Radnabe nie feuert, sie stieb.
Radnabe nie fette feine
Brandnarbe; Bandarbeit stieb.

Radnabe Brandnarbe nie fette.
Feine Bandarbeit sei Streue,
feine Bandarbeit sei Stroh mit Beil.

Revue neu, verledere nie Rat.
Sie sei Star, Apparat *ist* Sitar.

Neger — Gazelle — Regen
2001

Regent Neger.
Negerrasse — Pessarregen.
Negerle sein — stets Nieselregen.
Negros negiere er — Eigensorgen.
Negernille zagt — Gazell in Regen.
Neger lese in Brehm — herb Nieselregen.
Nebelregen. Nie Rehe, eher ein Negerleben.
Negerle sein mit Gnu. Dungt im Nieselregen.
Nebel, Nieselregen, stets Negerle sein, leben.
Neger mit Gazellin. Stets Nille zagt im Regen.
Reger Neger mit Negerregent im Regen reger.
Negerle sein mit Zier, stets reizt im Nieselregen.
Nebel, Nieselregen. Rette Wetternegerle sein Leben!
Neger lese in „Negerleben": Nebel, Regen, Nieselregen …
Negerleben, Nieselregen, stets Negerle sein, Nebelregen …
Negerle sein, Negerleben. Stets Nebel, Regen, Nieselregen …
Neger lese in Elle, ohne Gazelle: „Zagen, Hoelle, Nieselregen …"
Negermief, finstere Miene düsteret Süden, eimert. Sniffe im Regen.
Nenne Kreuzung mit Gazelle, die bei Delle zagt. Im Gnu zu erkennen.

Römerbad
18.11.01

Barg Rom Ramses' Sand?
Ablege, mit Siegel rede.
In einen Hafen Ehe segele.
Gesehene Fahne nie niederlege.
Ist im Egelbad nasses Marmorgrab?

Einhörner
21.11.01

Merk, sie essen roh nie
Niere, Banane, Biene.
Gegen Regel Lebemann rette Liebe.
In die Enge strebe Bert;
segne Eid nie bei Lettern.
Name belle gerne gegen Eiben an,
aber ein Einhorn esse Eiskrem.

Leichenmahl
23.11.01

Esse Gras mit Beleg,
nur esse besser ungelebt im Sarg,
esse!

Rentnersextett
6 Palindrome, 18.11.01

Rentner netzten Revier,
drei vernetzten Revier,
drei vernetzten Rentner.

Rentner netzten Retsina,
Kanister neuen Retsina,
Kanister netzten Rentner.

Rentner netzten Kajak
neben Emme. Neben
Kajak netzten Rentner.

Rentner nennen stets
Otto Otto. Otto Otto
stets nennen Rentner.

Rentner Otto neben
Anna stets. Stets Anna
neben Otto Rentner.

Rentnerehe, stets Anna
neben Otto; neben
Anna stets Eherentner.

Entspannt in Verona 95
23.11.01

Kinotuere Senore verriegele.
Bier Ebertreiberei leget.
Belege Sold neu. Er trenne Amme.
Die Soraya Papiere Paket beilege.

Reiberei, Legerei! Lege in
eine Tonne dein Ei hienieden.
Hab Mut, umbahne dein Ei.
Hienieden Note nie nie geliere.

Geliere Biere, geliebte Kaper,
Ei, Papaya, Rose, idem
Maennertreu (endlose, gelebte).
Geliere Biertreber. Ei belege.

Irre Veroneser Eutonik!

Portwein
23.11.01

Tor, besser pruef
urbane Bretonne, Tonne,
Bretonne; die beiden!

Hat's im Hof Portmief?
Porto tropfe im Mief,
Porto tropfe im Tropf.

Oh Mist, ahne die beiden
Noterben Noten noterben.
Abrufe Urpresse, Brot.

> Grau zu arg <
24.11.01

Grau ziere Tiere.
Sei dies Ungetier ein Eber?
Nie weine Tier, nie bruelle, zage.
Geiz Herz nage. Gans nagt Samt.

Sei Breitnerz Nagetier?
Meute Gnu reite, Gruseltier,
eitles Urgetier, Ungetuem;
reite ganz Rentier, Biest.

Mastgans nage ganz.
Reh, Ziege, Gazelle, Urbein
reite nie, Weinrebe nie reite.
Gnu sei diese Reiterei zu arg.

Notlager
25.11.01

Einer eignet Tunnelle.
Ohne Drohne liegt
im Regal Ton,
Gin ohne Butt im Regal.

Tonnen Anabolika, Kilo Bananen,
Notlager mit Tubenhonig,
Notlager mit geilen Horden
Hoellennutten. Giere nie.

Genügend matt
strophenweise, 25.11.01

Sinnet Tennis Tennise?
Der Rede gar feine Mann rege nie Beine.
Gazelle ziere die Buehne, bahne Bühne.
Biene bei Sex in einem Lift filme nie Nixe.
Sieben Eiben hüben haben Heu. Bei der
Eizelle zage nie, bei Negern Name nie frage.
Der Rede sinnet, sinnet Tennis.

Nie Eine blase Gelatine, gruene Salbe —
Genua lieber Heu fresse.
Befehle der Edelhefe Beine.
Leonora befehle der Edelhefe Befehle.
Der Edelhefebaron oele nie Befehle.
Der Edelhefe besser fuehre bei Laune
geblasene urgenitale Gesalbe nie ein.

Aha, Monate helfen. Helm ueberneuert
Streitross. Sei leise in Siam, tat nie Reise 'rein.
Eine Lagertonne gegen Nerz renne rot an
im Retro-Tor. Terminatoren-Nerz renne
gegen Notregale. Nie Niere sie reintat.
Mais nie sie liess sortiert streuen.
Rebe um Lehne flehet an Omaha.

Retter stets Nett. Irre Tiere nie
deuten Helm Ramuz'. Renner eilet,
ohne Reue nie Renner tret' Eugenie.
Leo spart im Netztunnel. Heumuehlen
nutzten mit Rapsoel eine Guetertrennerei.
Neueren Hotelieren Nerz um Armlehne tue.
Deine Reiter ritten stets Retter.

Reue fuehrende Rednerei kommuner Hafner
huelle. Ziere ihre Fuesse Anlage Limes.
Nie feuert sie bei Streue Federboa.
Ob Rede feuert sie bei Streue fein?
Semilegal naesse Ufer hier Eizelle.
Uhren fahren um mokierende
Redner Heufeuer.

Freie Sicht
26.11.01

Planetoid Idiotenalp!
Mure rein, Alp plane Golfplatz.
Tuntenalp, sie golft.
Tal prellet nett Alp mit.

Senne benetzt Alpenebene.
Benenn' Amme; Dümmere
liegt im Plane, gar ketzt.
Alpreise nutzt Alp Sinnetenalp.

Plaette wie Brett Oetztal.
Peter Tierbrei trete,
platzte Otter bei Wette.

Alp plane Tennisplatz;
Tunesier platzte Kragen.
Alp mit geilerem, müdem Manne
neben Ebene platzte.

Neben Nest im Plattenteller
platt flog Eisplanet, nutzt Alp,
flogen Allplanierer
um Planetoid Idiotenalp.

Gasplanung
26.11.01

Grasmaeher,
Delle, Bild lohne Herz.
Lohne Berg nun Alp.
Sage nie statt Matte Bett.
Er sage „tut", sie belle.

Ur bruelle bei Stute.
Gas rette Bett.
Amt tat seine Gasplanung.
Rebenholz Rehen hold.
Libelle drehe am Sarg.

> Reibung Nubier <
26.11.01

Nenn irdne Bar gruen-immun, eben egal.
Reib' uns Lama, da Januar frei.
Bunt mass Lama drei Bungalows.

Wo lag Nubier damals samt Nubierfrau?
Naja, damals; Nubier lagen eben
im Mineurgraben drinnen.

Karaoke
strophenweise, 26.11.01

Bar Hafner hafne nie,
lass o Loki kolossal
einen fahren, fahr ab!

Barg Rune nur,
setzte Letter.
Rette letztes Runen-Ur-Grab.

Thor: „Drei Knaben hoben Holz."
Ruft: „Furz lohne Bohne."
Bankier droht.

Eine Furztunnel-Lügner-Ränkedreherei
treibe Bier, Tiere, Herde.
Knärren Güllen-Nutzrufe nie!

Banksteuer, feine Bank Raben
hole; belohne bar Knabe.
Nie freuets Knab.

Vor der Hochzeit
Januar 2002

Eine Reisserpoesie: Lederne
Reize zieren neu drei Vierender.
Gewebe wegrede im Leder.
Edles sie gebe geilem Aktuar.
Besser esse Braut Kaese.
Aktuar besser esse Braut.
Kamelie gebe Geissel der
Edelmieder-Gewebe-Wegrednerei.
Vier duenne Reize zieren
Rede leise. O, pressiere nie.

104   *Alma*
29.1.02

Eint Leben Seele? Es nebelt im Nebel.
Ess alles; sag nun hallo, Volk.
Mit Bananen Heubuehne betreue, heue.
Huehnerei Note belle weise.

Geometer-Genie
fuehrete Millimeter.
Grete moege nie Regel.
Mued angebe Grete; moege die Renegat?

O Bassett, o Gottes Sabotage.
Nereide Geometer gebe Gnade.
Umlege reine Geometer, Grete,
Millimeter Heu, feine Grete.

Moege sie Welle betonieren.
Heu heue; heuert eben Heubuehnen an.
Abt im Klo voll Ahnung Assel lasse
leben mit Leben. Seele, es nebelt nie.

Flatlands
30.1.02

Neben Ebenen Ebene
Neben Unebene Manege
Oben Heubrett erbe
neben eher duennen Ebenen

Heuboeden hoeher drehe ohne Deo
Buehnenebenen neu drehen ebene Bretter
Buehne boege Name neben
unebenen Ebenen eben eben.

106   Klammer klemme
3 Palindrome, 1.2.02, für Michel Mettler

I

Eisesser Fette verklemme.
Ulkluemmel kennen Ebene.
Bemuehe Ohr hoeherem Mal.

Klammer-Ehe, Ohrhoehe um
Ebene benenne. Klemme
Ulkluemmel; Krevette fresse sie.

II

Einklemme Semmel Knebel.
Neu am Islam einer häng,
nun Harem mal' klamm.

Mal klammert Xenon netto,
mal klammert Xenon extrem;
Malklamotten non-extrem.

Mal klamm, mal klammer.
Ahnung nähre niemals im Auenleben.
Klemme Semmel Knie.

III

Niemals Islam-Malerei Salm male.
Lamm male Heukuehen Heu.
Klammert Xenon extrem?

Mal Krem, melk Mammal keinem;
mal keinem Melk; Reue neu verklemm.
Harem melke laut Kanon extrem.

Mal Kuehe, Heu.
Klammert Xenon aktuale Klemme?
Rahm melk.

Revue neuer Klemme nie klamme,
nie klamm am Klemmer.
Klammert Xenon extrem?

Mal kuehne Heukuehe!
Lamm male Lamm,
lasiere Lamm als Islam ein.

Die Neue
24.2.02

Neue liebe loh, neue Liebe sei,
wo Königin ohne die Heuer treu.
Freie fuehlet ohne Burg Mieter.
Henne Brut an Ereignis nähre.
Solle Frenesie Natur bereuen.
Leben sei nie Miete, troetet Feh.
Redefreie Natur bruetete Urbreie.

Leben stets Nebeleier bruetete.
Urbrut an Eier Feder heftete.
Ortete im Ei Niesnebel, neuere Brut.
An eiserner, felloser Hänsin giere.
Natur Benn ehrete, im Grubenhotel.
Heufeier fuer treue Heiden; Honig in
Öko-Wiese bei Leuen hole, bei Leuen.

Nicht mehr modern
24.4.02

Träg tat kalt er.
Kessel Heu, keine Gefuehle dank Nadel.
Heu fege nie kuehles Sekret.
Laktat gärt.

Schnäpse aus Krems
27.4.02

Klares merke:
Kremser Alk rund.
Libretto = Lotterbild,
nur Klares merke:
Kremser Alk.

Haiku I
5.5.02

Eis esse Ur.
Grete Max ehre.
Der Hexameter gruesse sie.

Haiku II
5.5.02

Neger z'Tal? Phoneme!
Ortsmitte nett im Stroemen.
Oh Platzregen!

Junggesellen
8.5.02

hassen Ehesegen.
Regresse besser geroennen,
Neoregresse besser.
Gerne Gesehenes sah.

Eine Rose ...
8.5.02

Eine sei Wiese. Die Wiese sei Wiesel.
Dass unser Ei Tieres Nuss adle,
sei Wiese, sei Weide, sei Wiese nie.

Töte
12.5.02

So leise töte heizregulierende Redner,
riss eine Grimasse Tessa mir,
geniess' irrende Rednerei,
Luger ziehe, töte sie, los!

Gedicht mit Äbten und Nonnen
13.5.02

Röhre höht / Baue neu Abt
Aebte lohnen Nonne geil
Fliehet / Lebe Nebel
ohne Neid stets lebe

Unebene neide / neben Ebenen
Nonne diene / nie neide
Medien eine neiden
Nonnen eben Ebene dienen

eben Uebel stets dienen
Hole benebelte Heilfliegen
Nonnen / holet Beat
baue neu Abt höher / hör

> Er hört Röhre <
13.5.02

Einer höret Tunnel höhnen.
Nonne tot. Nur edel lebe Rudel.
Heu meide Heu, meide
die Heide, sie meide Wölfe.

Ur pruef Löwe, die Meise,
die Heide, die Muehe, die Muehle.
Du Rebelle der untoten Nonnen,
Höhlennutte röhre nie!

Knieflöten
13.5.02

Nie Flöten kneten Knetöl fein.
Knetet Sinnerei?
Der Germane Beweis esse.
Um Seide diese Hessin
Deo-Oednis sehe.
Seide, dies muesse sie weben.
Am Regredieren nisteten Knieflöten;
kneten Knetöl fein.

> Nie Wiese sei weise, nie meine sie, Wiese sei Wein. <
zeilenweise, 21.5.02

Nie diese sei leise, nie weine sie, Liese sei dein.
Nie diese sei Meise, nie meine sie, Miese sei dein.
Nie diese sei Reise, nie meine sie, Riese sei dein.
Nie diese sei weise, nie meine sie, Wiese sei dein.
Nie fiese sei Meise, nie meine sie, miese sei fein.

Nie fiese sei Reise, nie meine sie, Riese sei fein.
Nie fiese sei Weise, nie weine sie, Wiese sei fein.
Nie Liese sei weise, nie meine, sie wiese Seil ein.
Nie Miese sei leise, nie weine sie, Liese sei mein.
Nie Miese sei Meise, nie meine sie, Miese sei mein.

Nie miese sei Reise, nie meine sie, Riese sei mein.
Nie miese sei Weise, nie meine sie, Wiese sei mein.
Nie Miese sei weise, nie meine sie, Wiese sei mein.
Nie niese, sei Meise, nie weine sie, miese sei nein.
Nie niese, sei weise, nie weine sie, Wiese sei nein.

Nie Riese sei leise, nie meine sie, Liese sei rein.
Nie Riese sei Reise, nie meine sie, Riese sei rein.
Nie Riese sei weise, nie weine sie, Wiese sei rein.
Nie Riese sei weise. Nie meine sie, Wiese sei rein.
Nie Wiese sei leise, nie meine sie, Liese sei Wein.

Nie Wiese sei Meise, nie meine sie, miese sei Wein.
Nie Wiese sei Reise, nie meine sie, Riese sei Wein.
Nie Wiese sei weise, nie meine sie, Wiese sei Wein.
Nie Wiese sei weise, nie weine sie, Wiese sei Wein.
Nie Wiese sei; weise nie meine sie, Wiese sei Wein.

Kleiner Zimmermannsklatsch
strophenweise, 26.5.02

Dielen hobele.
Die Bretter belege Anna.
Nie fein annaegele
Bretter beide.
Leb ohne Leid.

Naegel nie fuehret;
nur der Hobel
hobel' heut Stuehle.
Bohle bohre; drunter
Heu fein lege an.

Kläbe Gebälk;
Retter Bretter
annaegele nie feine.
Lege Anna Retter-Bretter;
kläbe Gebälk.

Retter bei duenner
Hobelei die Betten drehen;
— Hoefe ohne Herd —;
nette bei Diele
bohren neu die Bretter.

Die neue Regie
Bretter beige.
Rette neue Regie.
Zeige Reue, nette Regie.
Bretterbeige reue Neid.

Retter bereue —
teuere leider.
Hobel hobel Bohle,
bohre Diele,
reue teuere Bretter.

Hases Anni
2002

Hases Anni sähe
nie Fett im Lager;
nie in Regalmitte
feine Häsin Nase sah.

Mit sargschwarzer Tinte …
26.5.02

Eine Ziege gräse Totenhof.
Ohne Biene tönt im Regal
Tonne reell leer.
Miese agiles Urgetier
Revier frei verreite;
gruselig aese im reell
leeren Notlager mit Nöten.
Eibenhof ohne
tote Särge geize nie.

Eigeld
2002

Nie deine Bank!
Nie reihe Geld.
Libretto Leghorn roh nie muehe.

Ohne Geldlohn Huhn lege Riesenei.
Der Henne dieses Ei denn Ehre diene.
Sei Regeln Huhn hold: Legen!

Hoehe um Einhorn!
Roh Gelotter-Bild lege hier ein.
Knabe nie dein.

In Missionarsstellung
11.9.02

Rat, kennen Nonnen Gier?
Uebe Geduld, nur Regen,
Muehe ohne Sein nett ist.

Enge segne die Heiden rege.
Häsle gerne sah Hasen.
Regel sähe gerne die Heiden gesegnet.

Sitten nie reisen —
Hoehe um Negerrund.
Lude gebe ureignen Nonnen Nektar.

> Reh muesse umher <
11.9.02

1
Rehe-Anrenner renne naeher.

2
Ehe Annaeher Rehe annaehe,
Anna eher Rehe annaehe.

3
Hermine Golf? Reh Mut?
Fahnen nonnenhaft
umherflogen im Reh.

4
Rehe ohne Bart esse.
Umherrennerei weise.
O Poesie! Wie Renner
Reh muesse traben hoeher.

5
Herzrehle, sei wie seine Manege.
Oma, Poesie meide Herz,
nage ganz Rehe.
Die Meise Opa moege.
Name nie sei Wieselherzreh.

6
Sah ein Hase in Hases Sasse.
Sah hasten Nerz-Reh-Nase.
Ei wie ziert im Herz Reh mit Reiz!
Ei wie es an Herz rennet!
Sah Hases Sasse.
Sah nie, sah nie Has.

7
Sah Hasen hasten im Revier braun.
Aj, mit Filzrenner-Heu,
Filz-Rehrennern Hasen hasteten klug.
Omaner Arena-Mogul knetet Sahne.
Sah 'n Renner-Herzli fuehren Nerzlift.
Im Januar Brei verminet Sahne.
Sah Has ...

120 Den Tieren hinter die Ohren …
zeilenweise, 11.9.02

Hol Floh Heil, flieh, hol Floh!
Nie fresse Biest, sei besser fein.
Diese Reiterei! Tiere, Tiere seid!
Renne Henne, rege renne Henner!

Nie lese Tier Ebene. Bereit, Eselein?
Les mal Amsel, Ei, Vieles, mal Amsel.
Reh renne, Henne renne, Henner her!
Trete zierfrei Tierbrei — Tier frei zetert.

Refusiere Reis; Samt massiere Reisufer.
Rede (der Reiterherr ehre Tier) rede der.
Sah Hasen Huhn und nun Huhne sah Has.
Heu meide die Muehe, Heu meide die Mueh.

Die Sieb-Adele Ipsiererei spiele. Dabei seid!
Edlem Stiere „bei Stute tut sie" bereits melde.
Mut, sei bereit, Ruessel esse Urtiere, Biest um.
Reh da, Rad her! — Herden Rehe, eherne, dreh!

Loop: Mit Gel Mueller oft Forelle umlegt im Pool.
Herde, heil Fuehrer! Heufuehrer Heu fliehe; dreh:
Der Feldar, er Heu fresse. Besser Fuehrer adle Fred.
Geil! Feldammer ahne nie keinen Harem; Madle, flieg!

> Gnus öle — Lösung <
strophenweise, 24.9.02

Gnus ölen Harem mit Stimme.
Die Beine! Dies
Reitross adle Held.
Assortier Seide nie bei
dem Mitstimmer. Ahne Lösung.

Gnus ölen Hasen,
nisten höher, ranken hoeher.
Dreher eher drehe ohne
Knarre, höhnet Sinnes.
Ahne Lösung.

Gnus ölen Hallen,
Nutten bereiten Hafenhoehe.
Rehe ohne Fahne.
Tier ebnet Tunnell.
Ahne Lösung.

Gnus ölen hoehere Tiere
bei Laune.
Genie meine Genua.
Liebe reite Rehe
ohne Lösung.

Gnus öle nie.
Diese Idee sei die Seele.
Bei Liebe Lee sei.
Die See, die sei
deine Lösung.

Sex-Image
24.9.02

Sex-Image:
Meist mimt sie Megalegerei,
Gelege-Legerei, Geniererei,
mix' Amseles Maximiererei,
negiere Gelege, legiere Gelage,
meist mimt sie Mega-Mixes.

Lektüre
1.10.02

Sie lese in Eisdiele Hesse.
Im Herz liftet sie Leueneier,
feuert Redeblasen hoeher,
Salbei streuet sie bei Neuerung nie.

Ein Gnu Reue nie beisteuert.
Sie blas Rehe ohne Salbe,
Der treue freie Neue leistet Filz:
Reh mies sehe Leid. Sie niese leis.

Heizöle
1.10.02

Egal, nie Rapsoel heize besser.
Dann ist im Leben Russ.
Irre viel Lahme, sie lieben Nonne.

Seine Röhre sei drum elegant.
Sie messe rund eine Breite.
Hand lege in eine Glasalge nie.

Nie Geld nahe Tier benied.
Nur esse, meist nage Lemur,
dieser höre niesen Nonne.

Bei leisem Hall Ei verriss Urnebel.
Mit Sinn Adresse bezieh
Leo Spareinlage.

124 Knie nieder
     7.10.02

Rede in ein Knie
Riese bewegt Siegel
Hart suehnen Hiebe Genie
Beider Herr ehre
Die See liebe bei Lee

Sei der Herr
Ehre die Beine
Gebe ihnen Heu
Strahle Geist
Gewebe sei rein
Knie nieder

Ins Nastuch
21.10.02

Naesser presse Biere,
Bier naesse,
Wal ipsiere nie.

Rede innen Nonne rein an.
Oede Onaniererei spitzt,
ipsiere, rein anoede.

Onanieren Nonnen nie?
Der eine Reispilaw esse.
Anreiberei besser presse an.

126

128

> Reittier <
zeilenweise, 2000-2001

Reite Peru. Repetier.
Reite Perenne, repetier.
Reite per Bob. Repetier.
Reite Perser. Es repetier.
Reite per Radar. Repetier.
Reite per Ren. Er repetier.
Reite per se, les', repetier.
Reite per Renner. Repetier.
Reite per Reittier. Repetier.
Reite per Rotator. Repetier.
Reite per Trabart. Repetier.
Reite per Sie. Leis repetier.
Reite per Trax. Art repetier.
Reite per Reh her. Repetier.
Reite per Plan. Alp repetier.
Reite per Mut um. Repetier.
Reite per Rentner. Repetier.
Reite per Trog, Ort repetier.
Reite per Bob. Bob repetier.
Reite per Tier, reit, repetier.
Reite per Fuhr. Huf repetier.
Reite per Reitstier. Repetier.
Reite per Sold, los, repetier.
Reite per Rotz, Tor, repetier.
Reite per Tram. Art repetier.
Reite per Tross. Ort repetier.
Reite per Rabe bar. Repetier.
Reite per Rage gar. Repetier.
Reite per Lohn, hol, repetier.

Reite Persier-Greis. Repetier.
Reite per Rune nur. Repetier.
Reite per Heil, flieh, repetier.
Reite per Liege geil, repetier.
Reite per Tier breit. Repetier.
Reite per Nil-Eselin. Repetier.
Reite per Gram arg. Repetier.
Reite per Esel, lese. Repetier.
Reite per Gnu. Dung repetier.
Reite per Frust Surf. Repetier.
Reite per Niere rein. Repetier.
Reite per Refus. Ufer repetier.
Reite, Perser, Hehres repetier.
Reite per Rotomotor. Repetier.
Reite per Bon, Snob. Repetier.
Reite per Ziege Geiz. Repetier.
Reite per Turbo-Brut. Repetier.
Reite per Sitar gratis. Repetier.
Reite per Tram. Smart repetier.
Reite per Kajak. Kajak repetier.
Reite per Redopp oder repetier.
Reite per sede, pedes, repetier.
Reite Reitross. Sortier, repetier.
Reite per Ei er — Breie repetier.
Reite per Eid los. Oldie repetier.
Reite per tronic in Ort. Repetier.
Reite per Mure herum. Repetier.
Reite per Planeten-Alp. Repetier.
Reite per Furie bei Ruf. Repetier.
Reite per Nebel. Kleben repetier.
Reite per Naturbrut an. Repetier.
Reite Pernegier-Reigen. Repetier.

Reite per Regent Neger. Repetier.
Reite per Suse in Iesus. Repetier.
Reite per Roete, Meteor. Repetier.
Reite per Nauen neu an. Repetier.
Reite per Nasal-Glas an. Repetier.
Reite per Renner. Renner repetier.
Reite per Nil-Esel Eselin. Repetier.
Reite per neuen Pneuen. Repetier.
Reite per Reh nie einher. Repetier.
Reite per du sie bei Sud. Repetier.
Reite per Natterbrett an. Repetier.
Reite per Reittier. Reittier repetier.
Reite Perturbiererei brut. Repetier.
Reite per Traum-Emu. Art repetier.
Reite per Sumerer Emus. Repetier.
Reite per Trabrennerbart. Repetier.
Reite per Renner. Brenner repetier.
Reite per Treppe deppert. Repetier.
Reite per Grazie Reiz arg. Repetier.
Reite per Platten. Nett Alp repetier.
Reite per Eleganz. Nagele, repetier.
Reite per Reisser, dressier, repetier.
Reite per Retsina. Kanister repetier.
Reite per Lang-Iso-Signal. Repetier.
Reite per Traeger rege. Art repetier.
Reite per Plasma. Gamsalp repetier.
Reite per Leopard Rap. Oel repetier.
Reite per Elegie. Gegeigele repetier.
Reite per Steuer. Freuet's? Repetier.
Reite per REM Halblahmer. Repetier.
Reite Liegebahnen. Habe geile Tier'.
Reite per Streit. Irritiert's? Repetier.

Reite per Eselein nie. Lese, repetier.
Reite per Gewehr. He, weg, repetier.
Reite, permutiere, reit' um, repetier.
Reite per Hoffart straff. Oh, repetier.
Reite per Tele, ipso spielet. Repetier.
Reite per Egeln an. Anlege. Repetier.
Reite per Golfball — abflog. Repetier.
Reite per Adresse Esser da. Repetier.
Reite per Notrakete Karton. Repetier.
Reite per Eisbahn. Hab' sie. Repetier.
Reite per Bierfuhr, Huf reib. Repetier.
Reite per Gnu Trab. Artung. Repetier.
Reite per Trog, eil, flieg, Ort repetier.
Reite per Legehenne Hegel. Repetier.
Reite per Nepp arg Rappen. Repetier.
Reite per neuen Bob. Neuen repetier.
Reite per Neben-Ehen eben, repetier.
Reite per Eintage-Legat. Nie repetier.
Reite per Knatter-Tret-Tank. Repetier.
Reite per Oelrakete Karle, o, repetier.
Reite per Rehgeiss Sieg her. Repetier.
Reite per Reitross. Assortier, repetier.
Reite per Ziergeiss Siegreiz. Repetier.
Reite per Reiterei Tiere, Tier, repetier.
Reite per Seilerei Tiere, lies. Repetier.
Reite Pergola, Takt, Katalog. Repetier.
Reite per Reigen. Tat negier. Repetier.
Reite per Eselgold. Log lese. Repetier.
Reite per Reiberei Tiere. Bier repetier.
Reite per Rennesele, Senner, repetier.
Reite per Ren, Nerz, Renner. Repetier.
Reite per Rapsoel, Leo, spar. Repetier.

Reite per Ren, Neo-Goenner. Repetier.
Reite per Gas, Oel? Leo, sag, repetier.
Reite per Eber nie Weinrebe. Repetier.
Reite per Muli-Esele Seil um. Repetier.
Reite per Gewiesele, sei weg, repetier.
Reite per Lido-Kork-Krokodil. Repetier.
Reite per Eberleder Edelrebe. Repetier.
Reite Persuasion. Illinois aus. Repetier.
Reite per Purismus um Sirup. Repetier.
Reite per Kolle. Sei Diesellok. Repetier.
Reite per Emme Kajak. Emme repetier.
Reite per Stier Ebene bereits. Repetier.
Reite per Eselei er freie. Lese, repetier.
Reite per Reh. Stute tut's her. Repetier.
Reite per Gras gar, frag' Sarg. Repetier.
Reite per Eseltrab Abart. Lese, repetier.
Reite per Eisenmann. Amnesie repetier.
Reite per Evi's Lupe. Repulsive repetier.
Reite per Borgward raw, grob. Repetier.
Reite per Rotorblatt Alb-Rotor. Repetier.
Reite per Stute nie. Eine tut's. Repetier.
Reite per Eisrad; arg Radar sie repetier.
Reite per Naeheren er Ehe an. Repetier.
Reite per Stute. Nie eine tut's. Repetier.
Reite per Renner stets Renner. Repetier.
Reite per Rund-Robo-Bord nur. Repetier.
Reite per Muli Zarge grazil um. Repetier.
Reite per Hologramm Argo loh. Repetier.
Reite Perlen, rekto Kot, Kernel. Repetier.
Reite per Regie Ziererei-Zeiger. Repetier.
Reite per Esso-Rakete Karosse. Repetier.
Reite per Eisen rege. Gerne sie repetier'.

133

Reite per Ellipse bei Liebespille. Repetier.
Reite per Gulfstrom im Ortsflug. Repetier.
Reite per Pfanne nie einen Napf. Repetier.
Reite per Hase, Geist Siege sah. Repetier.
Reite per — Lese-Idee — Diesel. Repetier.
Reite per Platte. Nie sei nett. Alp repetier.
Reite per Dromedar grade Mord. Repetier.
Reite per Esel. Esse, Hesse lese. Repetier.
Reite per Ross er, per Repressor. Repetier.
Reite per Reiter, Heu fuehre Tier. Repetier.
Reite per Seide, Nerz, René. Dies repetier.
Reite per Planetoid in Idiotenalp. Repetier.
Reite per Gurke nie. Weine Krug. Repetier.
Reite per Bob Bub. Stets Bub Bob repetier.
Reite per Seilrevue. Neu: Verlies. Repetier.
Reite per Liege, lege, segele geil. Repetier.
Reite per Knabe Hans nahe Bank. Repetier.
Reite per netsurf ein. Nie frusten. Repetier.
Reite per Gnu. Regie? Weigerung! Repetier.
Reite per Gnu, rede in Niederung. Repetier.
Reite per Mulatte mit im Ettal um. Repetier.
Reite per Rotoren hoh. Ohne Rotor repetier.
Reite per *noblesse* o Roessel. *Bon*, repetier.
Reite per Stress-Ebene. Bessert's? Repetier.
Reite per Knapp' oder Redopp an. Krepetier.
Reite per Gnu-Gas sie. Weissagung repetier.
Reite per Esel ein Reh. Hernie lese, repetier.
Reite per Herren-Nerz Renner-Reh. Repetier.
Reite per Grazie Riese, sei Reiz. Arg repetier.
Reite per Bobrunbahn, hab nur Bob. Repetier.
Reite per Hannes' Ego Vogesen nah. Repetier.
Reite per Reitlasso Loki, Kolossaltier. Repetier.

Reite per Grubenbahn. Hab 'ne Burg, Repetier.
Reite per Gnu, reite per Repetierung. Repetier.
Reite per Eisenmatte? Bett? Amnesie! Repetier.
Reite per Gurken, hole, belohne Krug. Repetier.
Reite per Bahn. Hab lieb Eilbahn, hab. Repetier.
Reite per Eselstute, nie eine tut's. Lese, repetier.
Reite per Reiterei, Zebrafarbe ziere Tier, repetier.
Reite per Sparta. Lunargranulat = Raps. Repetier.
Reite per Seilbahn hohe, Hohn hab. Lies, repetier.
Reite per Florett, o Loewe, o Lotte. Rolf, Repetier!
Reite per Eselstute, Isaia, sie tut's. Lese, repetier.
Reite per Reibeisen. Hole, lohne sie Bier. Repetier.
Reite per Trab, trabe gar, trage Bart. Bart repetier.
Reite per Parasol Negro sorgenlos. *A Rap*, repetier.
Reite per Reitereivereine nie Reviere-Tier. Repetier.
Reite per Ren. Ida lag matt am Galadiner. Repetier.
Reite per Gnu zu. Erklaere real Kreuzung. Repetier.
Reite per Nil an, er da sei, lies, Adrenalin. Repetier.
Reite per Gnu, reiz' Revier drei. Verzierung repetier.
Reite per Esel Harem, Halblahmer. Ah, lese, repetier.
Reite per Reit-Streitross an, assortiert. Stier, repetier.
Reite per Reisenutte. Tiere bereitet Tunesier. Repetier.
Reite per Nebel, reite, reit, imitiere Tierleben, repetier.
Reite per Lager, droben, hoh, ohne Bordregal. Repetier.
Reite per Eisenmagnat mit. Im Tang Amnesie. Repetier.
Reite per Eile, makellos nie sein solle Kamelie. Repetier.
Reite per Marktesel Revier frei. Verleset Kram. Repetier.
Reite per Hurenhostesse, annaesset's ohne Ruh, repetier.
Reite per Harem, Mittel, Libelle, Billett immer. Ah, repetier.
Reite per Reithostesse. Anna annaesset's. Oh Tier, repetier.
Reite per Trugmittel, Libelle, Welle, Billett im Gurt. Repetier.
Reite per Reittier. Nie grub Retter Burg ein. Reittier repetier.

> Purismus um Sirup <
2001 - 2002

Purist Sirup.
Pur ist Sirup.
Puristet Sirup?
Puristelet Sirup?
Puristanat Sirup.
Purist höht Sirup.
Purisier frei Sirup.
Purist mimt Sirup.
Puristes Set Sirup.
Purist belebt Sirup.
Purisier Brei, Sirup.
Purist: Esset Sirup!
Purist mit im Sirup.
Purist sog Ostsirup.
Purismus um Sirup.
Purist sott Ostsirup.
Puristen, Knetsirup?
Pur ist so Mostsirup.
Puristual laut Sir up.
Purist, sie eist Sirup.
Purist Leo oelt Sirup.
Purist satt? Astsirup!
Purisiere er Ei, Sirup.
Purist Balz labt Sirup.
Purist herdreht Sirup.
Purist klug ulkt Sirup.
Purist bald labt Sirup.
Purist, um Mut Sirup?
Purist, sei Biest Sirup.

Purist tost, sott Sirup.
Puristoid, Idiot, Sirup.
Purist: Tat statt Sirup.
Purist hie weiht Sirup.
Purist nie weint Sirup.
Pur ist's, Papst: Sirup.
Purist Leo noelt Sirup.
Puristerei zieret Sirup.
Purist, sie weist Sirup.
Purist lief — eilt Sirup.
Purist nie meint Sirup.
Purist Sepp, Pestsirup.
Purist stolz lotst Sirup.
Purissimo, Omis Sirup.
Puristes Öl löset Sirup.
Purist fasere Saftsirup.
Purist ganz nagt Sirup.
Pur ist Saft, fast Sirup.
Purist saehe Ast-Sirup.
Purist sage Gast Sirup.
Pur ist klug, ulkt Sirup.
Pur ist roh, hort' Sirup.
Puristen, höhnet Sirup.
Purist saftet fast Sirup.
Puristen, nennet Sirup.
Purist mass Samtsirup.
Purist sein, niest Sirup.
Purist, mag Amt Sirup?
Purist gärt, trägt Sirup.
Purist Roses Ort, Sirup.
Purisiere Puperei Sirup.
Purist saege Ast. Sirup!

Pur ist DAT; Stadtsirup.
Purist liest's, eilt Sirup?
Purist Lama malt Sirup.
Purissimo, Romis Sirup.
Pur ist Sorte Trostsirup.
Purist helfe, fleht Sirup.
Purist Miele leimt Sirup.
Purist: Bier treibt Sirup.
Puristen? O Monetsirup.
Pur ist Mast samt Sirup.
Purist gelb ablegt Sirup.
Pur ist reell, leert Sirup!
Purist Lamm malt Sirup.
Puristograf-Argot: Sirup.
Purismus süss um Sirup.
Puristenalp planet Sirup.
Purismus sass um Sirup.
Purist gern anregt Sirup.
Purist somit im Ostsirup.
Pur ist Film im Lift Sirup.
Pur ist Lama, malt Sirup.
Purist, Röte betört Sirup.
Puristei nie bei Nietsirup.
Purist kaeme. Akt. Sirup.
Purista hetzte, hat Sirup.
Purist Ebnat anbet Sirup.
Pur ist blasé, salbt Sirup.
Purist reize geziert Sirup.
Purist ziere gereizt Sirup.
Puristengier eignet Sirup.
Pur ist Radioid, Art Sirup.
Purist für Pipi prüft Sirup.

Purist: Häme mäht Sirup.
Purist legere regelt Sirup.
Purist im Kajak mit Sirup.
Purist, Rhesus ehrt Sirup.
Purist, lasier Eis, Altsirup.
Pur ist Heu. Mueht Sirup?
Purist bebt — bebt Sirup?
Purist Ziegele geizt Sirup.
Purist, miese seimt Sirup.
Puristle gern regelt Sirup.
Purismanie fein am Sirup.
Puristenheld lehnet Sirup.
Purist im Radar mit Sirup.
Puristes Sipo pisset Sirup.
Purist, Fahrer, Haft, Sirup.
Purist gehe gehegt. Sirup.
Pur ist Lage, weg Altsirup.
Pur ist Note, betont Sirup.
Purist, er gebe Gret Sirup.
Puristereien: Eieret Sirup?
Pur ist Liese; es eilt Sirup.
Purist bei Lene liebt Sirup.
Pur, Islam? Mammalsirup?
Purist errat, starret Sirup?
Purist, um Mammut Sirup.
Purist Furie sei, ruft Sirup.
Puristennerv rennet Sirup.
Purist, siegele Geist Sirup.
Purist Amor? Aromatsirup.
Purist: Sirupspur ist Sirup.
Purist, Niere vereint Sirup.
Purist heisses sieht: Sirup.

Purist sähe: Reh äst Sirup.
Purist bei Lotto liebt Sirup.
Purist gelebt, belegt Sirup.
Purist: Aas esse Saatsirup.
Purist für Papa prüft Sirup.
Puristet sie, sei stet Sirup?
Purist: Heisere sieht Sirup.
Purist, Reibe gebiert Sirup.
Puristokrat, Starkot, Sirup.
Purist Neger, Regent Sirup.
Pur ist Otter, tret tot Sirup.
Purist zu Amt mauzt Sirup.
Purist siede, jede ist Sirup.
Puristenheu suehnet Sirup.
Puristen-Ruth turnet Sirup.
Purist im Renner mit Sirup.
Purisiere du Luderei, Sirup.
Purisiere für Prüferei Sirup.
Purist bei Soho siebt Sirup.
Puristenhabe bahnet Sirup.
Pur Isolation, o Italo-Sirup.
Puristen-Höfe föhnet Sirup.
Pur ist Purist. Sirupt Sirup?
Purisiere du Puderei, Sirup.
Purist röhret, er hört Sirup.
Pur ist er Riese, irret Sirup.
Purist, er Held lehret Sirup.
Purist siede, oede ist Sirup.
Pur ist Esser, presset Sirup.
Purist Leu, Psi spuelt Sirup.
Purist, Röhre verhört Sirup.
Purist Leo nie einoelt Sirup.

Purist sah: Bub, hast Sirup.
Purist; Rhema mehrt Sirup.
Purist siede, Rede ist Sirup.
Purisiererei, Ziererei, Sirup.
Purist beliess Ei; lebt Sirup.
Puristogramm: Argot Sirup.
Puristennabel bannet Sirup.
Purist im Bad, ab mit Sirup.
Purist Nöte töte, tönt Sirup.
Purisiere die Neiderei Sirup.
Purist für Pleuel prüft Sirup.
Purist sah nie in Hast Sirup.
Puristen, rohe hornet Sirup.
Purist im Teebeet mit Sirup.
Purist Simon: O Mist, Sirup!
Purist im Rentner mit Sirup.
Purisiere die Meiderei Sirup.
Purist fies nie einseift Sirup.
Pur ist Sirup, Spur ist Sirup.
Pur ist Saft, pupt fast Sirup.
Purist loche Reh, Colt Sirup.
Purist, Horde bedroht Sirup.
Pur ist Leu. Psi spuelt Sirup.
Purist im Gral arg mit Sirup.
Pur ist im Eise sie mit Sirup.
Purisiere Biertreiberei Sirup.
Purist sah: Stets hast Sirup.
Purist, Reigen negiert Sirup.
Purist nagelet elegant Sirup.
Pur ist rein, opponiert Sirup.
Purisier Brei, Eierbrei, Sirup.
Purist sah neben Hast Sirup.

Puristen nistet, sinnet Sirup.
Pur ist sie, gebe Geist Sirup.
Pur ist Fass Annas Saftsirup.
Purismus: Ananas um Sirup.
Purist satter: Brettast-Sirup.
Purisieret Totstotterei Sirup?
Purist balge. Weg labt Sirup.
Purist Söldner endlöst Sirup.
Pur ist's, Papsts Papst-Sirup.
Puristelei: Pst! Spielet Sirup.
Purist Blasseres salbt, Sirup.
Purist im Eise. Sie mit Sirup.
Puristen-Otto tottonet Sirup.
Purist-Signal: Lang ist Sirup.
Purist sei los. So, liest Sirup.
Purist setzte Netz: Testsirup.
Purist Boliden-Edi lobt Sirup.
Purist Heisseres sieht: Sirup.
Purist Senne, kennest Sirup?
Purist hier nie einreiht Sirup.
Purist im Klee, Elk mit Sirup.
Purist, er hört: Röhret Sirup.
Purist, Seil nie einliest Sirup.
Purist im Heil flieh mit Sirup.
Purist Lewi: Es sei Weltsirup.
Purisieret fast Safterei Sirup.
Puristen, rohe hornet: Sirup!
Puristen knapp an Knetsirup.
Purist, er, Rilke, klirret Sirup.
Puristennerv — rennet Sirup.
Purist im Plan; Alp mit Sirup.
Purist bigott, Otto gibt Sirup.

Pur ist Furie, beiruft: „Sirup".
Puristen-Ibach, Cabinetsirup.
Purist im Lohn hol' mit Sirup.
Pur ist um; nur Unmut Sirup.
Purismus sah Hass um Sirup.
Purist sättig? Igitt! Äst Sirup!
Puristenhöfe, beföhnet Sirup.
Puristes Sahara hasset Sirup.
Purist Reisser dressiert Sirup.
Purist, Sortiererei, Trostsirup.
Pur isoklastet stets Alkosirup.
Purist im Ball — ab mit Sirup.
Puristerei gern regieret Sirup.
Pur: Isolation = no Italosirup.
Purist mauerte treu Amtsirup.
Purist für Protztor prüft Sirup.
Purist, Euer Foto freuet Sirup.
Purist sei leise, sie liest Sirup.
Purist knisteret — sinkt Sirup.
Puristenhalle hell ahnet Sirup.
Purist, Reisalge glasiert Sirup.
Purist nie messe, meint Sirup.
Pur ist pur, bar, abrupt: Sirup!
Purist lohne Taten: Holt Sirup.
Pur ist Nubier; Brei Buntsirup.
Purist sei Lude; du liest Sirup.
Pur ist Eleganz, nagelet Sirup.
Purist für Post. So prüft Sirup!
Purist lies: Basis abseilt Sirup.
Purist, Freude beduerft' Sirup.
Purisiere dual Plauderei-Sirup.
Purismus sang nass um Sirup.

Purist hierher, Reh reiht Sirup.
Purist top sei, nie spott' Sirup.
Purist im Pool, Loop mit Sirup.
Pur ist Nasser pressant, Sirup.
Purist sei Bratstar, Biest Sirup.
Purismus: Sie weiss um Sirup.
Pur ist rein. Ego geniert Sirup.
Pur ist Atheist, sieh Tat, Sirup.
Purist puhle Popel, hupt Sirup.
Pur isotropier Freiporto, Sirup.
Pur ist Lösung, Gnus ölt Sirup.
Purist im Leder edel mit Sirup.
Purist tat seins nie statt Sirup.
Purist mies nie einseimt Sirup.
Puristes seine geniesset Sirup.
Purist im Leibe: Biel mit Sirup.
Puristerei Bor probieret, Sirup.
Purist zu Drei: Vier duzt Sirup.
Puristin arg esse Granit, Sirup.
Purist handle. Held naht Sirup.
Purist hielt's; Papst leiht Sirup.
Purist sah: Udo, du hast Sirup.
Purist laue nenne neu Altsirup.
Purist händle, Held näht Sirup.
Purist im Reis: Asier mit Sirup.
Purist hielt so Post, leiht Sirup.
Purist im Klo — Volk mit Sirup.
Purist filterte, betret Lift Sirup.
Purist lieh Klo, Volk heilt Sirup.
Purist nie treu fuer Teint Sirup.
Purist, für Platz Tal prüft Sirup.
Purist hielt Bar. Abt leiht Sirup.

Purismus samt Mass um Sirup.
Purist, für Plato Tal prüft Sirup.
Pur ist Seibling, Nilbiest, Sirup.
Puristenname bemannet Sirup.
Purist um Lehrer Helmut Sirup.
Purist im Knast sank mit Sirup.
Puristerei legere gelieret Sirup.
Purist beweise: Sie webt Sirup.
Purist, Löss und Nuss ölt Sirup.
Purist saesse, messe Ast Sirup.
Pur ist Reim, er kremiert Sirup.
Purist, Sophie weih' Post-Sirup.
Purist Raps esse — spart Sirup.
Purist Muehe: Heu meint Sirup.
Purismus Samt mass um Sirup.
Purist orniere Verein rot: Sirup.
Puristani-Mode: Dominat Sirup.
Puristen-Om stets Monet-Sirup.
Pur ist fast Fass Saft, Saftsirup.
Puristen benennen ebnet Sirup.
Purisiere du Alpplauderei Sirup.
Purist hielt Bau. Abt leiht Sirup.
Purist, Reis, Alge glasiert Sirup.
Purist hielt Bad. Abt leiht Sirup.
Pur ist es: Sahara hasset Sirup.
Pur ist heisser, Ares sieht Sirup.
Purist sitzt. Ehe hetzt, ist Sirup.
Purist belege Wege. Lebt Sirup?
Purist Reet holt, loh teert Sirup.
Purist, Samen höhne Mastsirup.
Purist, Balsam Omas labt Sirup.
Purist Regen stets negert Sirup.

Purismus saftet; Fass um Sirup.
Purist zu dröge; Gör duzt Sirup.
Purist massiert Reis samt Sirup.
Purist Bart hole, loh trabt Sirup.
Purist sät, Hans naht, äst Sirup.
Puristenreb', ach Cabernetsirup!
Purist Reis-Sake kassiert. Sirup.
Purist humple. Belp muht Sirup.
Purist bolze nie, Inez lobt Sirup.
Purist im Ort, in Nitro mit Sirup.
Purist hielt Feh, Heft leiht Sirup.
Purist hielt fast Saft, leiht Sirup.
Purist reib' lahm. Halbiert Sirup.
Puristerei rüpele, pürieret Sirup.
Purismus: Saftet Fass um Sirup.
Pur ist Liebe, ist Sieb, eilt Sirup.
Pur ist Hanf. Ur-Ruf naht; Sirup.
Purist sein sei mies. Niest Sirup.
Puristen rodbar. Abdornet Sirup.
Purist reizt fast Saft, ziert Sirup.
Purist sehe: Ohr, hoehest Sirup?
Purist Lakai zu Luzia kalt: Sirup.
Purist, nie treibe Bierteint Sirup.
Purist nie toene Neo-Teint Sirup.
Puristografen-Knef-Argot: Sirup.
Purist höher ritt irre, höht Sirup.
Purist rette Welle, wettert Sirup.
Purist hielt Bass. Abt leiht Sirup.
Purisiere Freud: Duerferei Sirup.
Pur ist er ab, ach Cabaret-Sirup!
Purist mass Saftfass samt Sirup.
Purist geliere, wer Ei legt. Sirup!

Purist mass Sau-Ass samt Sirup.
Purist im Tal ass Salat mit Sirup.
Purist für Papst Spa prüft, Sirup.
Purist hielt Aas, Saat leiht Sirup.
Puristenhas baff absahnet Sirup.
Pur ist Hubbard. Rab buht Sirup.
Purist massier' Kreis samt Sirup.
Puristoteles' Ei wiesele tot Sirup.
Pur ist Kremiererei, merkt Sirup.
Pur ist laue. Nie sei neu Altsirup.
Purist für Plage legal prüft Sirup.
Purisiere reine Geniererei, Sirup.
Purist ruhe, bei Liebe hurt Sirup.
Purist hänsele: Seles näht Sirup.
Purist lief, funkt Knuff, eilt Sirup.
Puristenhader: Fred ahnet Sirup.
Purist tapse im Mies. Patt. Sirup.
Purist, Ballleute, Tuell labt Sirup.
Purist biertreu, Tuer treibt Sirup.
Purist hielt Fass Saft, leiht Sirup.
Pur ist Neid nie rein, dient Sirup.
Purist Kleo webe bewoelkt Sirup.
Purist gase, nie seine sagt Sirup.
Purist Humbold: Lob muht Sirup.
Puristen-Haller grell ahnet Sirup.
Purist Tube lieh, heile Butt Sirup.
Purist AHA sang. Nasa hat Sirup.
Purist, Fahnen höhnen Haftsirup.
Purist, Reet, Teebeet teert Sirup.
Pur ist Rabatte nett, Abart Sirup.
Pur ist es Ölbau — ablöset Sirup.
Purist lohe rein; Niere holt Sirup.

Purist biertreu, Kuer treibt Sirup.
Purist sei Biest — sei Biest Sirup.
Purist zieht fast Saft, heizt Sirup.
Purist im Hasse es sah mit Sirup.
Purist onaniere Vereina-Notsirup.
Purisieren Heu, Huehnerei Sirup?
Purist gärte, sie leise trägt Sirup.
Puristen, gerade da regnet Sirup.
Purist helfe bei Liebe, fleht Sirup.
Purist ahne Riese. Iren hat Sirup.
Purist, mass Ubu-Bussamt Sirup?
Purist esse Brei; Tier esset Sirup.
Pur ist Marke in; nie kramt Sirup.
Purist esse Dia, Maid esset Sirup.
Puristen: Klaffe Ref falknet Sirup.
Purist Rabe gar trage Bart. Sirup.
Purist Name sehe: Semant Sirup.
Purist Sarg lese, Esel grast Sirup.
Puristenref: Netz entfernet Sirup.
Pur ist Rapssaat. Aas spart Sirup.
Purist im Argen: Negra mit Sirup.
Purist sei legere; rege liest Sirup.
Pur ist Reblage weg, albert Sirup.
Purist setzt Ahnenhatz, Testsirup.
Purist pur baue neu abrupt Sirup.
Purist hielt Rebe, Bert leiht Sirup.
Pur ist Lapsologe Golo Spaltsirup.
Puristennektar: Rat kennet Sirup.
Purist Heulboje Tejo blueht Sirup.
Purist röhre nie keiner hört Sirup.
Purist maesse Messe, Amt, Sirup.
Pur ist lamellar, Kralle malt Sirup.

Purist höhle du, Pudel höht Sirup.
Purist lieh Bares, er abheilt Sirup.
Purist Ruhollah, hallo, hurt Sirup?
Puristen nenne Benn ennet Sirup.
Purist höhle du, Pudel höht Sirup.
Purist umlagert Regal Mut? Sirup.
Purist Torte feile, liefe Trott Sirup.
Purist lieh Rum; Amur heilt Sirup.
Purist umziehe. Beheiz Mut Sirup.
Purist, röhre sie leiser, hört Sirup.
Pur ist Gans, sie heiss nagt Sirup.
Purist an Ortamt: Matronat-Sirup.
Purist lahm mitstimm´ halt Sirup.
Pur ist Lametta. Gatte malt Sirup.
Purist maskiert Streik samt Sirup.
Purist an Robe: Web' Ornat Sirup.
Pur ist heisser Hehres sieht Sirup.
Puristennessel, Bless ennet Sirup.
Purist lieh nie Bub. Einheilt Sirup?
Purist im Eise. O Poesie mit Sirup.
Purist helfe, sie leise fleht „Sirup".
Purist, Prismoid-Idiom sirpt Sirup.
Purist reime: Arp praemiert Sirup.
Purist Hegel, der Edle geht. Sirup.
Purist Krug leert, reel gurkt Sirup.
Purist sass, ortet Ross, Ast, Sirup.
Purist Seil reue: Neuer liest Sirup.
Pur ist Tor, trete Metertrott, Sirup.
Purist, Rasse-Psi = Spessartsirup?
Purist knuffe: Im Mief funkt Sirup.
Purist, Rheostat tat so, ehrt Sirup.
Purist, stets saftet Fass Tetstsirup.

Pur ist Leihreue neu, erhielt Sirup.
Purist, Talg eher drehe glatt Sirup.
Purist Aasesser presse Saat-Sirup.
Purist sage: Nie meine Gast Sirup.
Purist leihe Ball; Ella behielt Sirup.
Puristen kleben Knebel, Knetsirup.
Purist nie frevele — verfeint Sirup!
Purist knattere: Meret tankt Sirup.
Puristen-Nekton-Not kennet Sirup.
Purist Humanist? Sina muht Sirup.
Purist ruhe, liege, geile hurt Sirup.
Purist loher rang, Narre holt Sirup.
Purismus, siehe Geheiss um Sirup.
Purist im Imam — Mami mit Sirup.
Purist Herder riss, irre dreht Sirup.
Pur ist Nektar Apparat, Kent Sirup.
Purist leihe Bier, Brei behielt Sirup.
Purist ahne gern: Regen hat Sirup.
Puristenhatz ran! Arzt ahnet Sirup.
Pur ist Filterheu, fuehret Lift Sirup.
Purist Hans sang: Nass naht Sirup.
Purist röte Beete, Tee betört Sirup.
Purist fahre nie bei 'ner Haft Sirup.
Purist Gärtnerei-Tieren trägt Sirup.
Pur ist Röhre, die leider hört Sirup.
Purist Höhe reite. Tiere höht Sirup.
Purist Seile ziert, Reize, liest Sirup.
Purist, er eile, gehe, gelieret Sirup.
Purist, rede Atoll: Lot aedert Sirup.
Purist gehe. Gegehe gehegt. Sirup.
Purist leiht Sirup, Purist hielt Sirup.
Purist esse in Egg, geniesset Sirup.

Purist lötet Arie, heiratet, ölt Sirup.
Purist Huber her! Ehre buht: Sirup!
Purist für Padua, Lauda prüft Sirup.
Pur ist fast Ornat an Rot, Saftsirup.
Purist Fasel hustet, suhle Saftsirup.
Purist Neid reue, Feuer dient Sirup.
Purist lieh nie Kajak. Einheilt Sirup.
Purist lebe. Ur-Eva veruebelt Sirup.
Purisier, ess Erpele Presserei-Sirup.
Purist Humanoid? Jona muht Sirup.
Purist sei Lessing. Nisse liest Sirup.
Pur ist legitim: Stets mitigelt Sirup.
Purist laege hier frei, hege Altsirup.
Purist belege Art, traege lebt Sirup.
Purist heu'r frevele verfrueht Sirup.
Purist bei Laune Genua liebt. Sirup.
Purist ratsam, oele Oma Startsirup.
Purist im Elegiegegeigele mit Sirup.
Purist reell lotteret, toll' leert Sirup.
Purist im Platze netzt Alp mit Sirup.
Purist Gärtner Ei-Tieren trägt Sirup.
Purist tat suehnen: Heu statt Sirup.
Pur ist Röhre nie, keiner hört Sirup.
Purist für Presse besser prüft Sirup.
Purist lohne gern Regen, holt Sirup.
Purist leihe Brote, Tor behielt Sirup.
Purist siede rein, nie Rede ist Sirup.
Purist Seile ziehe, heize, liest Sirup.
Purist gelte Ebene. Beet, legt Sirup.
Puristen, Nekro-Rotor kennet Sirup.
Pur ist Lamm halt, lahm malt Sirup.
Purist hielt Fahnen, Haft leiht Sirup.

Purist esse Meise, sie messet Sirup.
Purist belebe, sie leise belebt Sirup.
Purist Reue freut, Tuer feuert Sirup.
Purist Rei rüpel, edele püriert Sirup.
Puristengeseire, Serie segnet Sirup.
Purist Herder her; Ehre dreht Sirup.
Purist reibe Geiss, sie gebiert Sirup.
Purisiere Beweise sie, Webereisirup.
Purist Balte, Ebene, Beet labt Sirup.
Purist, umledere der Edelmut Sirup.
Puristes Ölbaum Emu ablöset Sirup.
Purist, nie muehe Heu, meint Sirup.
Purist heilt, ärgere Grät, leiht Sirup.
Pur ist Imme dein, jedem mit Sirup.
Purist Röhre lege, Egel erhört Sirup.
Purist lieh Name, Léman heilt Sirup.
Purist Sorge lebe, beleg' Rost Sirup.
Purist leihe Reute, Tuere hielt Sirup.
Puristele sänge Weg. Näselet Sirup?
Pur ist Reh. Ei wie Ei wiehert. Sirup.
Purist Raps esse; Hesse spart Sirup.
Purist tats nasal, Glas anstatt Sirup.
Purist Ziege ziere Reize, geizt Sirup.
Pur ist Eimer Heu. Fuehre Mietsirup.
Purist: Lahm male Lamm halt Sirup.
Purist sag: Revierbrei vergast Sirup.
Purist, Reigen nie fein negiert Sirup.
Puristerei: Elegie feige leieret Sirup!
Purist Liga drehe, eher da gilt Sirup.
Purist im Teer neben Reet mit Sirup.
Purisana wringe weg Nirwana-Sirup.
Purist hielte Ebene; Beet leiht Sirup.

Pur ist es *seance, sec* naesset Sirup.
Purist pur, banne denn abrupt Sirup.
Purist hielt nie Tee; Teint leiht Sirup.
Purist Seile drehe. Herde liest Sirup.
Purist sei belesen: Esele Biest Sirup.
Purist höher höre Röhre, höht Sirup.
Purist bei Stereo hoeret, siebt Sirup.
Purist Seiles sehe; Hesse liest Sirup.
Purist leiht Neffe Jeff; enthielt Sirup.
Purist Bier treue; Neuer treibt Sirup.
Purist Prisma da, Madam sirpt Sirup.
Pur ist Nubier, flötet ölfrei Buntsirup.
Purist liehe Brand. Narbe heilt Sirup.
Purist an Ort, Apollo, Patronat Sirup.
Purist sah nieder, rede in Hast Sirup.
Purist esse Muse Jesu. Messet Sirup.
Purist im Rebbast: Sabber mit Sirup.
Pur ist Röhre sein, Nieser hört Sirup.
Pur iss, klar, esse besser Alks, Sirup.
Purist lieh Revue; neu verheilt Sirup.
Purist liege; weise sie wegeilt. Sirup.
Pur ist lahm, Mut stumm. Halt Sirup.
Pur ist reif; ohne Toten hofiert Sirup.
Purist Pupillen esse, Nelli pupt Sirup.
Purist errat Sein; nie erstarret Sirup.
Purist, Rhetor Edi Diderot ehrt Sirup.
Puristen, hamsteret's, mahnet Sirup.
Pur ist Masse, sei Mieses samt Sirup.
Purist Name sei nie Semant — Sirup.
Purist filteret: Toll lotteret Lift, Sirup.
Purist geliere Gel; Legerei legt Sirup.
Pur ist Fuder Heu; fuehre Duft Sirup.

Purist, euer Eis esse sie, reuet Sirup.
Purist beisse Bor. Grobes siebt Sirup.
Purist hege Föhn, in Höfe geht Sirup.
Purist, Neidrevue neu verdient Sirup.
Purist, Rheologie bei Golo ehrt Sirup.
Pur ist real; Krevette verklaert Sirup.
Purist masel', Heu fuehle samt Sirup.
Pur ist pur, banne denn abrupt Sirup.
Puristen-Nosograf Argo sonnet Sirup.
Purist, Sabotage, Legato-Bast, Sirup.
Pur ist er, Hobbie, Leib; bohret Sirup.
Puristen-Hesse im Mies sehnet Sirup.
Purisieren Nestore rot Sennereisirup?
Puristen-Nosologe Golo sonnet Sirup.
Purist pupe Popeye; Pope pupt Sirup.
Purist Eier fresse, besser freiet Sirup.
Purist esse Anton; Not naesset Sirup.
Purist Hanffusel öle, Suff naht: Sirup.
Purist-Name sei wie Semant — Sirup.
Pur ist Simon, Auge, Guanomistsirup.
Puristen, mit Frust surft im *net* Sirup.
Purist: Reisarbeit stieb. Rasiert Sirup.
Puristen nektiert Streit, kennet Sirup.
Pur ist nie rein; so Bosnier eint Sirup.
Purist gärt. Revue neu verträgt Sirup.
Purist äse nie Hesse; Heine sät Sirup.
Purist Sirup sott. Otto, Spur ist Sirup.
Purist Röhren lege; Egel erhört Sirup.
Purist umlege Ur, Pruegel, Mut, Sirup.
Purist sei Leihpost. Sophie liest Sirup.
Pur ist Masturbierereibrut samt Sirup.
Pur ist pur, Barolo-Color abrupt Sirup.

Purist: Um Leder eher Edelmut-Sirup.
Purist hielt an. Rom Ornat leiht Sirup.
Purist im Grauen; Pneu arg mit Sirup.
Purist hielt Fossil. Bliss oft leiht Sirup.
Purist im Ostregal lagert so mit Sirup.
Purist masert; rast Sartre samt Sirup.
Purist, Arbeit, Kaese, Aktie, Bratsirup.
Pur ist rein. Eglisau-Asil geniert Sirup.
Purist lagert, rastet. Sartre galt Sirup.
Puristenklemme: Semmel knet' Sirup.
Purist neide Nebel, Ebene dient Sirup.
Pur ist lötig: Ramses' Margit ölt Sirup.
Purismus sortiere, reit Ross um Sirup.
Purist beisammen? Emma siebt Sirup.
Purist, Ballade, Pleuelpedal labt Sirup.
Purist leg Revuen; Pneu vergelt Sirup.
Purist ziere Ethos. Oh, Tee reizt Sirup.
Pur ist es Seil frei: Bier fliesset, Sirup.
Purist ahne: Geselle Segen hat, Sirup.
Purist röhret Seim, Meister hört Sirup.
Purist nie Tee sei wie See-Teint, Sirup.
Purist, Imola, Depp? Pedalo mit Sirup.
Purist hielt Umbau ab. Mut leiht Sirup.
Purist um Rad, labe bald Armut Sirup?
Puristerei: Elegiegegeige leieret Sirup.
Puristenhass? Obsts Boss ahnet Sirup.
Purist im Teeblatt — Talbeet mit Sirup.
Pur ist Ahle in Adele; Daniel hat Sirup.
Puristen habe: Bei Liebe bahnet Sirup.
Purist neide Reue; Neuere dient Sirup.
Purist leihe Beine, Genie behielt Sirup.
Pur ist Hanf. Ohne den Hof naht Sirup.

Purist lasse; klebe uebel kess Altsirup.
Puristo-Lipoid armem Radiopilot Sirup.
Purist setzt Umbau ab, Mutz Testsirup.
Purist Maetresse besserte, Amt, Sirup.
Purist tose in Rage: Gar nie sott Sirup.
Puristereien nadele, dann eieret Sirup.
Purist höher', Herr irr, Ehre höht Sirup.
Purist leiht nette Fett — enthielt Sirup.
Purist lohne Geselle; Segen holt Sirup.
Pur ist Ahnen: Hat Ahnen — hat Sirup.
Purist Südost geil fliegt; so düst Sirup.
Purist Somali heilt, lieh lila Most Sirup.
Purist um Rebe uebe Uebermut, Sirup.
Purist löst Oleine, Genie Lots ölt Sirup.
Puristenbegräbnis in Bärg ebnet Sirup.
Purist mit Platztest setzt Alp mit Sirup.
Puristengesegne? Menge segnet Sirup.
Puristerei salbadere da blasieret Sirup.
Puristennessel lass, alles sennet Sirup.
Purist im Leder uns nur edel mit Sirup.
Puristen-Hedonie? Heino dehnet Sirup.
Purist sah treu: Psi spuert Hast. Sirup!
Purist im Tor belle helle Brot mit Sirup.
Purist Oblate hege; gehe Talbot, Sirup.
Purist, Leihmutter, Brett umhielt Sirup.
Purist sät Hanfuhr. Huf naht, äst Sirup.
Purist, Soldarbeit stieb; Rad lost Sirup.
Purist grüb' Revier frei, verbürgt Sirup.
Purist lieh sein Ego; Genies heilt Sirup.
Pur ist Lambretta. Matt Erb malt Sirup.
Purist leihe Beute, Getue behielt Sirup.
Purist filme, drehe eher dem Lift Sirup.

Purist härkel' träge Gärtle, kräht Sirup.
Purist: Im Stresse bessert´s mit Sirup.
Purist sank nieder, rede in Knast Sirup.
Puristen-Nostrano-Tonart sonnet Sirup.
Purist im Sina-Loch? Colanis mit Sirup!
Puristenheld legere Geld lehnet? Sirup!
Pur ist Lamina-Loch, Colani malt Sirup.
Pur ist legere Seide, diese regelt Sirup.
Pur ist Heulbrevier frei verblueht Sirup.
Purist, Gewebe bei Liebe bewegt Sirup.
Purist belebe Seide, diese belebt Sirup.
Purist rette Wollen, Nello wettert Sirup.
Purist mit Holzrahe, Harz loht im Sirup.
Pur ist es sein Ego. So geniesset Sirup!
Purist, Sorella fege; gefalle Rost Sirup?
Purist: Retter brat' Star; brettert Sirup.
Pur ist immer ahoy, o Harem mit Sirup.
Purist, rohe Idole, Melodie, Hort, Sirup.
Purist Leda lege. O Voegel, adelt Sirup!
Purismus seine Gala geniess' um Sirup.
Purist, Seim-Revue neu vermiest Sirup.
Purist bahne Bank. Knaben, habt Sirup.
Purist leiht Somali lila Most, hielt Sirup.
Purist: Lakonik mit im Kino, kalt, Sirup.
Purist geheim noele; Onmie hegt Sirup.
Purist Gewebe gar trage. Bewegt Sirup.
Pur ist Rhesus-Ehre, Rhesus ehrt Sirup.
Purist tat Seetrunk, nur Tee statt Sirup.
Purist: Seim-Revue neu vermiest Sirup.
Puristen raten Haft. Fahne tarnet Sirup.
Purisiere, neide bei Liebedienerei Sirup.
Purist Sippe drehe, eher Depp ist Sirup.

Purist Reet ess', Art Strasse teert Sirup.
Purisanat Ems, da Bad, Smetana-Sirup.
Purist im Kleo-Weg? Gewoelk mit Sirup.
Pur ist Seim. Revue neu vermiest Sirup.
Purist Neid revidiere: Idi verdient Sirup.
Purist belesen: Ike, Pekinese lebt Sirup.
Purist salzt Ort nie ein. Trotz Last Sirup.
Purist hielt Forelle; Teller oft leiht Sirup.
Puristen-Has baue neu. Absahnet Sirup.
Purist leihe Bretter, Retter behielt Sirup.
Puristenname „T" nett entmannet Sirup.
Puristerei illegitim, mit Igel liieret Sirup.
Puristen hasse nie; Feines sahnet Sirup.
Purist sei Leuen Ei. Die Neue liest Sirup.
Pur ist Masse, Prise, sirp' es samt Sirup.
Purist sei Kreuz. O, wozu er kiest Sirup?
Purist im Hasse da Hades sah mit Sirup.
Puristenhasser, Cat-Actress ahnet Sirup.
Purist hielt Tassilo; Solis satt leiht Sirup.
Pur ist Sirups Süsses süss. Pur ist Sirup.
Pur ist Mastroianis Sinai-Ort samt Sirup.
Puristen höher! Herr, Ehre höhnet Sirup.
Purist im Heile Bein nie belieh mit Sirup.
Purist lag, Amsel lag, alles mag Altsirup.
Pur ist Röhre. Weine, nie wer hört Sirup.
Purist im Gin ohne den Honig, mit Sirup.
Purist hege Sorge weg; Rose geht Sirup.
Purist: Mizelle nach Canelle = Zimtsirup.
Purist im Trug: Trug Gurt Gurt mit Sirup.
Purist immer ahne den Harem mit Sirup.
Purist ziehe Benno. Sonne beheizt Sirup.
Purist Nubier freuet steuerfrei Buntsirup.

Purist rat' Seesegel; lege See Startsirup.
Purist sammle Hesse, Helm, Mast, Sirup.
Purist lasse kleben; knebel kess Altsirup.
Purist reuen Retter, Brett erneuert Sirup.
Purist liebt Ness und Nuss entbeilt Sirup.
Purist im Flug hastet; sah Gulf mit Sirup.
Purisiere die Nessel, esse Neiderei Sirup.
Pur ist Esse Anlage. Regal naesset Sirup.
Purist lege Urplatte: Ettal pruegelt Sirup.
Puristen-Eid: Revue neu verdienet Sirup.
Purist, Seim, Revue, Heu vermiest Sirup.
Purist hielte Retter, bretteret, leiht Sirup.
Purist ziehe nie Welle; Weine heizt Sirup.
Purist Tassilo Page? Megapolis satt Sirup.
Purist zu Amsel laege; alles mauzt Sirup.
Purisiere Deibel Lot, tolle Biederei, Sirup.
Pur ist im Reibregal Lager-Bier mit Sirup.
Purist hielt Furgge weg. Gruft leiht Sirup.
Purist esse Anis. Anna, Sina, esset Sirup.
Purist siegt im Trog. Ort mit Geist; Sirup.
Purist hielt fast Saft, fast Saft leiht Sirup.
Purist löse Raten. O, Monetares ölt Sirup.
Purist leiht neue Fee; Efeu enthielt Sirup.
Puristen-Hesse, hol Flohes; sehnet Sirup.
Purist hielt er Abach? Cabaret leiht Sirup.
Puristerei: Efeu nett; Tenue feieret Sirup.
Purismus: Algebra, Farbe, Glas um Sirup.
Purist im Heile breit Tier belieh mit Sirup.
Purist im Sarg eher drehe Gras mit Sirup.
Purismus: Sammle Helm, Mass um Sirup.
Purist ruhe; nie megagemeine hurt Sirup.
Purist Raps esse und Nuesse, spart Sirup.

Purist reise; opelhaft fahle poesiert Sirup.
Purist um Mammut — um Mammut Sirup.
Purist raff' ohne die Leiden Hoffart, Sirup.
Purist im Koma, Feile lief Amok mit Sirup.
Purist hege Gewein. Nie Wege geht Sirup.
Purist lieh nie Bein. Knie, Bein heilt Sirup.
Purist Same begoss — so gebe Mastsirup.
Purisiere Hesse nie Heines Seherei, Sirup.
Purist, für Piesak nie Inka sei. Prüft Sirup.
Purist leiht Neologe Golo — enthielt Sirup.
Purist reuet Revue — neu verteuert Sirup.
Purist beliebt. Im Sugus mit beilebt Sirup.
Purist reiss' Erde, sie leise dressiert Sirup.
Purist Röhre lege an; Naegel erhört Sirup.
Purist leiht 'ne Gurke; Krug enthielt Sirup.
Purist hielt 'ne Gurke; Krug entleiht Sirup.
Purist Horde banne; Henna bedroht Sirup.
Purist kremiere, nie Weinerei merkt Sirup.
Purist her! Doedel dödle; Deo dreht Sirup.
Purist Bär gebe Ruhe, Hure begräbt Sirup.
Purist, er feile Beton; Note beliefret Sirup.
Pur ist Note Bes; sehr Hesse betont Sirup.
Puristen hassen Ria; Fairness ahnet Sirup.
Pur ist rein, Robe gar trage borniert Sirup.
Purist im Enneren höhne, renne mit Sirup.
Purist im Heil Revue neu verlieh mit Sirup.
Purist nie meistere Meret; sie meint Sirup.
Purist für Plauderei Tiere dual prüft. Sirup.
Puristenhass an Rap; Parnass ahnet Sirup.
Purist, Sörgele boete Teo. Beleg Röstsirup.
Purist im Teeblatt neben Talbeet mit Sirup.
Pur ist rein, Roberta, Patre borniert. Sirup.

Purist im Einklang ist Signalknie mit Sirup.
Purist lege See; treu fuer Tee segelt Sirup.
Purist Bär Genie sei; die seine gräbt Sirup.
Purist hielt Heizung. Gnu zieht, leiht Sirup.
Purist reine generiere; Irene geniert Sirup.
Purist rode nie Wadi; Ida weine dort Sirup.
Purist im reellen Nutztunnel leer mit Sirup.
Purist nie meditiert Streit; idem eint Sirup.
Puristes Semtex: Ehe hexet, messet Sirup.
Purist behebe Idole; Velodiebe, hebt Sirup.
Purist heize rein. Oele o Niere. Zieht Sirup.
Purist furniere Brett. Erbe reinruft: „Sirup".
Pur ist es Sahne; gern Regen hasset Sirup.
Purist reine gehe um. Muehe geniert Sirup.
Purist, Lakonik mitpupt im Kino kalt. Sirup.
Purist reitet per Nil-Eselin; reptetiert Sirup.
Purist um Heilrevue neu verlieh Mut, Sirup.
Pur ist Röhre. Dein Bub, nie der hört Sirup.
Purismus summiert Reim „muss" um Sirup.
Purist, renn' oder Herr ehre, donnert Sirup.
Purist segne Senn, o Sonne, sengest Sirup.
Purist Nasser presse besser pressant Sirup.
Purist, Heil fuelle; der Edel-Leu flieht Sirup.
Purist setzte Segel. Höhle Gesetz Testsirup.
Puristen-Hammel-Tier eitlem mahnet Sirup.
Purist im Heil fresse; besser flieh mit Sirup.
Purist, sass oben hoh ohne Boss Ast-Sirup?
Purist sei Nieser-Herr. Ehre sei, niest Sirup!
Pur: Ismaelit-Bus sei dies Subtile am Sirup.
Purist lege; Urpresse besser pruegelt Sirup.
Pur ist Tennis-set minim. Tessin nett. Sirup.
Purist sarge Geiz ein; nie Ziege grast Sirup.

Purist Togolese nie kein Esel. O Gott, Sirup!
Purist, sengest Spa — Papst, segnest Sirup.
Purist im Totalen out, Tuonela tot mit Sirup.
Purisiere Flehen; hoere ohne Helferei Sirup.
Purist, Heil fuelle Delle; Edelleu flieht Sirup.
Purismus: Samnaun Gnu anmass um Sirup.
Purist im Klafter Heu fuehret Falk mit Sirup.
Puristele trüge Gurke; Kruge gürtelet Sirup.
Purist Negerle deute; tu edel, Regent Sirup.
Pur ist Esser (Prevue) neu verpresset Sirup.
Purist nie frevel' Heu. Kuehle verfeint Sirup.
Purist fahre nie mies, sei meiner Haft Sirup.
Purist nie messe Messe; Messe meint Sirup.
Purist Geleise ziehe, beheize. Sie legt Sirup.
Purist sei Laune; Genie in Genua liest Sirup.
Purist frustete im Kajak; mietet, surft Sirup.
Puristen. Hör Debbie, Weib bedröhnet Sirup.
Purist, sei Lena Morelle? Romane liest Sirup.
Purist reite per Mure herum; repetiert Sirup.
Pur ist es. Sei Giesser; es sei. Giesset Sirup.
Pur ist sie geisterhaft, fahret sie Geist Sirup.
Purist hielt Ami. Ehre der Heimat leiht Sirup.
Purist Röhren lege an, Naegel. Er hört Sirup.
Puristen-Nekrotomie bei Motor kennet Sirup.
Puristen haette Ninette. Ninette ahnet Sirup.
Purist liehe nie Feige. Regie feine heilt Sirup.
Purist hielt Baer. Rummurre Abt. Leiht Sirup.
Purist Furier betrete, zeterte Brei, ruft Sirup.
Puristen nektiere. Bodo bereit; kennet Sirup.
Purist grübe nie. Fuer Treu feine bürgt Sirup.
Purist reiss, Apologie bei Golo passiert Sirup.
Purist pupte Ernano Ton an; Reet pupt Sirup.

Purist belebe; Sorge weg; Rose belebt Sirup.
Purismen jedem mal Amme — deinem Sirup.
Purist liefere Innerei. Tieren Niere feilt Sirup.
Purist hielt Rat. Siebnen bei Start leiht Sirup.
Purist esse minim nie; ein Mini messet Sirup.
Purismus siehe; Herde drehe heiss um Sirup.
Pur ist Kram, Bad lege, Geld ab, Markt Sirup.
Purist leiht Nesselröte; Törless enthielt Sirup.
Pur ist Neides Sorge weg. Rosse, dient Sirup!
Purist röte bei Sex Ehehexe; sie betört Sirup.
Purist im Platz-Tenue neu netzt Alp mit Sirup.
Purist im Mull, Affe im Mief fall' um mit Sirup.
Puristen haben Nonnen; Nonne bahnet Sirup.
Purist pur bastele, ipse spielet's abrupt Sirup.
Purist lieh ein Korken; Nekro-Knie heilt Sirup.
Purist nie Revuen sah; Has neu vereint Sirup.
Purist hol, Frevel hustet, Suhle verfloht Sirup.
Purist um Rebe, ueber Rebe Uebermut, Sirup.
Purist Siederei drehe; eher die Rede ist Sirup.
Purist lege Kreise; nur Brunesier kegelt Sirup.
Purist hol Frevel, Hose, Sohle, verfloht; Sirup!
Puristen, Rutherfoord-Roof! Reh turnet. Sirup.
Purist im Streik? Ramses markiert's mit Sirup.
Purist somnambul? O Golub, man most' Sirup.
Purist reuet Revelative; Vitale verteuert Sirup.
Purist hielte Remedur, krude Meret leiht Sirup.
Pur ist es. Sei Gina Loch? Colani giesset Sirup.
Purist arg mietet Arie, heiratete im Grat Sirup.
Puristen, Heu kremiert! Reim erkuehnet Sirup.
Purist gärt. Praege: Art traege Arp trägt Sirup.
Puristen hör du zetteln; Lette zudröhnet Sirup.
Purist lieh Geweih. Post-Sophie wegheilt Sirup.

Purist hielt Taste, Ebene, Beet, satt leiht Sirup.
Purist, euere Braut kam! Aktuar bereuet Sirup.
Purisierer: Runkel lebe, belle, Knurrerei, Sirup.
Purist hielt Fuder Heu; fuehre Duft, leiht Sirup.
Purist leiht Nekrokrat Star; Kork enthielt Sirup.
Purist lieh Rum aermerem; Reamur heilt Sirup.
Purist Ziege nie melke, ekle. Meine geizt Sirup.
Purist im Lodenhoesele lese ohne Dolmit Sirup.
Purist esse Diameter; Grete, Maid, esset Sirup.
Puristen hamstere, Ohr hoerets, mahnet Sirup.
Purist: Geleise sah nie ein Hase. Sie legt Sirup.
Purist im Lederhoesele lese Ohr edel mit Sirup.
Purist reue neuer Teint; nie Treue neuert Sirup.
Purist im Eintonnen Nonnen; Not nie mit Sirup.
Purist lege Seile, makele. Kamelie segelt Sirup.
Purist loh rede um; Rentner mueder holt Sirup.
Purist: Knast maesse Messe, Amt, Sankt Sirup.
Purist belebe die Heide; die Heide belebt Sirup.
Purist es sei Greinaloch; Colani ergiesset Sirup.
Purist belebe nie Heine; nie Heine belebt Sirup.
Purist im Teebeutel lief; Eile tue Beet mit Sirup.
Purist, Reis, Serpula. Bibi Balu, pressiert Sirup?
Purist leihe Braten, Oma monetar behielt Sirup.
Purist: Geld mehre, Boss Oberhemd, legt Sirup.
Purist sie messe usuell. Leu suesse meist Sirup.
Puristenhölle der Hesses sehr edel löhnet Sirup.
Pur ist Somali-Bakterie. Seiret Kabila Mostsirup.
Puristenhabe gewogen. Ego-Wege bahnet Sirup.
Purist nie moege Terra, arrête, Géo meint Sirup.
Purist: Ehegraben Hoelle; ohne Bar gehet Sirup.
Purist sei: beziehe Herz Rehe; heize Biest Sirup.
Purist im Plasma gehe; sehe Gamsalp mit Sirup.

Puristen haben Nistsinn. Nistsinne bahnet Sirup.
Purist setzt um; eine gebe Genie Mutz Testsirup.
Purist setzte Segel gern. Regle Gesetz Testsirup.
Purist errat's; Nano-Mist! Simon anstarret Sirup.
Purist grüb nie Prüfling. Nil für Pein, bürgt Sirup.
Pur ist Reue. Aspargam mag Rap; saeuert Sirup.
Purist reite per Lese-Idee. Diesel repetiert Sirup.
Purist im Kremieren; nie Innerei merk mit Sirup.
Puristes Seil fuehle Tier, eitel Heu; fliesset Sirup.
Purist leihe; brät er kess Sekretär; behielt Sirup.
Puristenreferat: Segnet enge Stare Fernet-Sirup.
Purist hielt Umlederung; nur Edelmut leiht Sirup.
Purist leihe Brut an Egologe; Natur behielt Sirup.
Purist leiht Ziege in rot; Tor nie geizt, leiht Sirup.
Purist helfe nie in Not. Er, Breton, nie fleht Sirup.
Purist hielt Ziege in rot; Tor nie geizt, leiht Sirup.
Purist hielt im Lager Neffen; Regal mitleiht Sirup.
Purist, im Leder Hesse tat es sehr edel mit Sirup.
Purist Rabelais ablege Regel, basiale, Bart, Sirup.
Purist hielt Leihmutter; Brett umhielt, leiht Sirup.
Puristenhammer ahne den Harem, mahnet Sirup.
Purist lieh nie Doktorat; Tarot, Kodein heilt Sirup.
Purist esse Meister-Gene; Gret, sie messet Sirup.
Purist, sommert Xenie Wein, extrem Most, Sirup?
Purismen neu dreht um: Mut her duennem Sirup.
Purist zu deiner Ehe Ohr: Hoehere nie duzt Sirup.
Purist hege Gewelle. Ur bruelle. Wege geht Sirup.
Purist knattre; blamiere Reim: Albert tankt Sirup.
Purist klemme Domherr. Reh-Modem melkt Sirup.
Purist hielt neu, enthielt, leiht neu, entleiht Sirup.
Puristen; gegebene Beere Ebene begegnet, Sirup.
Purist bebt im Leben; mit im Nebel mitbebt Sirup.

Purist im Ball oval; Rakete Karla voll ab mit Sirup.
Puristennektar: Revisor Rosi verrat', kennet Sirup.
Purist im Torbogen nass; sann Ego Brot mit Sirup.
Purist reib Orpheum ein. Nie Mueh' probiert Sirup.
Purist ziere, liehe Sorte Betrose, heile, reizt Sirup.
Purist im Rein ergiessen? Es sei Grenier mit Sirup.
Puristenhelm umlasse. Wes Salm umlehnet Sirup?
Purist für Preis repetiere, reite Persier, prüft Sirup.
Purist immune; Knabe pupe Banken um mit Sirup.
Purist; sei mein Gnu nie Meinung, nie meist Sirup.
Purist hielt nette Brut an, Naturbett entleiht Sirup.
Purist furzte Segen hoh — Ohne Gesetz ruft Sirup.
Pur ist Röhrennektar nur Unrat. Kenner hört Sirup.
Purist im Senf fabelhaft fahle, baff; Nest mit Sirup.
Purist hielt Fuhren ab. Ruf urbaner Huft leiht Sirup.
Purist, sie Revue nie bade; dabei neu vereist Sirup.
Purist Note beliess; orgele gross; eile betont Sirup.
Purist säkularisiere die Neiderei, Sir. Alu käst Sirup.
Purist hielt Somali Lunge, Gnu lila Most, leiht Sirup.
Purist liehe die Strafe im Mief. Art Seide heilt Sirup.
Purist im Reet. Kalfater, Greta, Flak, Teer mit Sirup.
Purist, sei Kredo Tedeum? Muedet oder kiest Sirup?
Purist: Bollennutten! Benn ebnet Tunnel, lobt Sirup.
Purist im Lederhemd log; Gold mehr edel mit Sirup.
Purist reine geblasen. Hof ohne Salbe geniert Sirup.
Pur ist so Presse-Usus. Eja, Jesu, suesser Postsirup.
Purist grübe Klafter treu. Fuer Tretfalke bürgt Sirup.
Purist, hielt Nekro-Krone Tenor? Kork entleiht Sirup.
Purist, Immune tun im Radar Minuten um mit Sirup.
Purismen neu deute: Hanf nahe tue duennem Sirup.
Purist heisse nie Megalo-Cola. Gemeines sieht Sirup.
Purist masturbiere, gelier' Eilegerei, Brut samt Sirup.

Puristen-Hare-Rama-Laktat: Kalamar, er ahnet Sirup.
Purist sahnet. Lesbierin Nanni reib; selten hast Sirup.
Puristenreu Ziele kugele. Beleg: Ukelei zuernet Sirup.
Purist im Heil freuet Seide; die Steuer flieh mit Sirup.
Purist im Asile Rüfe löse. Totes öle für Elisa mit Sirup.
Puristen: Höhne da Rituale; lau Tiraden höhnet Sirup.
Pur, Israel-Gin? Ökologie? Bei Golo, König Lear, Sirup!
Purist reif, o Heil im Afrika-Fakir, Familie hofiert Sirup.
Purist reime Arps Nahrung: Nur Hans praemiert Sirup.
Purist massiere nie Feder; rede feiner: Eis samt Sirup.
Purisiere Beweise, Gewebe bewege sie, Weberei-Sirup.
Purismuslein adressiert im Mitreisser Daniels um Sirup.
Purist, rahme die Beere fern Referee bei dem Hartsirup.

169

170

Singspiel

> Legitimiererei mit Igel <
Litanei in Palindromen für gemischten Sprechchor, 3.3.01

Sprecher
Mann
Männer
Frau
Frauen
Halbwüchsiger
Knabe
Knaben
Mädchen
Alle Mädchen
Alle Kinder
Alle männlichen Chormitglieder
Alle weiblichen Chormitglieder
Alle zusammen

Sprecher	Mit Igel Renner Hase sah Renner legitim. Hase legitim nenne Rennen mit Igele. Sah Nenner legitim, Hase sah, mit Igel rennen: Legitimiererei, Negiererei, Geniererei mit Igel.
Alle	Nenner legitim, Hase sah, mit Igel rennen: Legitimiererei, Negiererei, Geniererei mit Igel.
Sprecher	Mit Igel legitim.
Alle	Legitim mit Igel.
Sprecher	Mit Igeln legitim?

Alle	Legitim mit Igel, mit Igeln legitim!	
Frau	Mit Igel Liebe illegitim?	
Frauen	Legitim mit Igel, mit Igeln legitim!	
Mann	Mit Igel Liebe? Sah Hase Beil legitim.	
Männer	Mit Igel Liebe illegitim!	
Frauen	Mit Igeln legitim!	
Sprecher	Mit Igelliebe? Urhase sah Ruebe illegitim.	
Alle Mädchen	Mit Igel legitim, legitim mit Igel.	
Knabe	Ein Renner nie mit Igel legitim, ein Renner nie.	
Knaben	Legitim mit Igel, mit Igeln unlegitim.	
Knabe	Mit Igel Renne Renner legitim?	
Männer	Mit Igeln unlegitim, mit Igel rund nur legitim.	
Sprecher	Mit Igel trabe	
Mann	Bart legitim!	

Knaben	Trabe legitim mit Igel, legitim mit Igele Bart.
Mann	Mit Igele Diebe sah? Hase sah Hase, beide legitim.
Frauen	Legitim mit Igeln, legitime, beide Diebe mit Igel.
Sprecher	Legitimiere Sahara-Haserei mit Igel.
Ein Mädchen	Legitimiere Sahara-Haserei mit Igel. Mit Igel legitim!
Sprecher	Mit Igele Sahara-Hase legitim?
Alle Mädchen	Hasi sah! Hasi sah! Hasi sah!
Sprecher	Legitimiererei mit Igel.
Alle	Legitim mit Igel.
Ein Mädchen	Legitimiererei mit Igel.
Ein Mädchen	Hase legitim mit Igele sah.
Alle Mädchen	Hasi sah!
Knaben	Hase sah!

Ein Knabe	Hase mit Igel nun legitime sah.	
Frau	Mit Igel legitim.	
Frauen	Mit Igeln legitim.	
Mann	Legitim; sei mies mit Igel.	
Erwachsene	Legitim mit Igel, mit Igeln legitim!	
Halbwüchsiger	Legitim; sei fies mit Igel.	
Alle männl.	Legitim mit Igel, mit Igeln legitim!	
Alle Mädchen	Legitim; sei dies mit Igel.	
Frauen	Legitim mit Igel,	
Alle weibl.	mit Igeln legitim!	
Mann	Legitimiererei, Nano-Onaniererei mit Igel.	
Frau	Mit Igel stets legitim,	
Frauen	mit Igeln legitim!	
Frau	Her mit legitimer Uhr, Hure mitigelt im Reh.	
Frauen	Legitim mit Igel. Legitimere mit Igel.	

Knabe	Has, Reh mit Igel stets legitim hersah.
Frau	Legitim, Reh stets her mit Igel, mit Igel legitim!
Frau	Reh sah Has mit Igel. Uhu, legitim, sah Has her?
Kind	Mit Igel, Has, Reh Uhu hersah, legitim.
Kinder	Mit Igel legitim.
Knabe	Mit Igelei Lilie legitim.
Frauen	Mit Igel sei dies legitim, legitim mit Igel.
Alle Mädchen	Mit Igel lang ist Signal, legitim.
Männer	Legitim mit Igel. Mit Igel legitim!
Knabe	Mit Igel Hase bei Liebe sah legitim.
Kinder	Hase bei Liebe sah! Hase bei Liebe sah!
Knabe	Mit Igel Liebe illegitim!
Kinder	Hase bei Liebe sah! Hase bei Liebe sah!

Sprecher	Has mit Igel Liebe illegitim sah.
Kinder	Hase bei Liebe sah!
	Hase bei Liebe sah!
Sprecher	Mit Igel Renner Hase sah Rennen legitim.
	Hase legitim nenne Rennen mit Igele. Sah
	Nenner legitim, Hase sah, mit Igel rennen
	Legitimiererei, Negiererei, Geniererei mit Igel.
	Nenner legitim, Hase sah, mit Igel rennen:
Alle	Legitimiererei, Negiererei, Geniererei mit Igel.
Sprecher	Hase sah
Alle	Hase sah
Sprecher	Mit Igel legitim
Alle	Mit Igel legitim
Sprecher	Rehe her
Alle	Rehe her
Sprecher	Uhu
Alle	Uhu
Specher	A-E-I-O
Alle	Uuuuuuh!

Pfingsten 2001,
meiner Mutter Rosa Bruhin-Tschuor
zum 80. Geburtstag gewidmet.

Inhalt

78	absteigende Treppe	100	Freie Sicht
104	Alma	46	Gasbaelle
75	Am Waldrand	101	Gasplanung
71	Amaretti	54	gebeten
30	Amusisch	26	Gebranntes Kind
80	Argot	111	Gedicht mit Äbten und Nonnen
53	Aus einem dicken Buch …	98	Genügend matt
73	aux assassins	78	Gnu-Gebrabbel
32	Beigesetzt	88	Gnudung
29	Bein, Knie, Zeh …	121	Gnus öle — Lösung
54	Brechtüte	39	Goethegospel
84	Bretterbuehne	97	Grau zu arg
25	Credo	25	Grisaille
67	da	57	Guzzli-Filz-Zug
74	Dem Harem	109	Haiku I
120	Den Tieren hinter die Ohren	109	Haiku II
		72	Hasebürzle Pelzrübe sah
42	Die Metzin	115	Hases Anni
108	Die Neue	77	Heidi und Presse
43	Drei Grazien	123	Heizöle
48	Dreigesang	76	Hermine
83	Edler und Gammler	55	Hesse bei Laune geborgen
116	Eigeld	77	Hirt im Halbschlaf
27	Eigeler-Elegie	81	hol Floh
37	Eine nie	26	Hüben und drüben
110	Eine Rose …	24	Huehner, Hennen …
93	Einhörner	27	Im Falle eines Falles
7	Einzeiler	23	Im Tenn
31	Elfe	117	In Missionarsstellung
95	Entspannt in Verona	125	Ins Nastuch
23	Eos	30	Ironman
112	Er hört Röhre	110	Junggesellen
40	Erhörung	102	Karaoke
64	Etude	44	Kennen Sie den?
105	Flatlands	47	Klaergrube

106 Klammer klemme	28 Photographie
114 Kleiner Zimmermanns-klatsch	96 Portwein
	137 Purismus um Sirup
124 Knie nieder	60 Rede jeder
112 Knieflöten	118 Reh muesse umher
63 Kolonialwaren	34 Reh-Strophen
61 Kopierfee	101 Reibung Nubier
74 Kreter Wein	129 Reittier
45 Krüsimüsi	42 Renates Hausen
43 Kurschatten	94 Rentnersextett
172 Legitimiererei mit Igel	60 Retrovision
93 Leichenmahl	93 Römerbad
122 Lektüre	56 Rune der Rede nur
90 les mal amsel	85 Salzregal
62 Löwenragout	109 Schnäpse aus Krems
87 Lose drei	56 Schwarzweisspalette mit Rot
58 Luganeser Elegie	122 Sex-Image
28 Nasszelle	28 Sirenen
61 Nebel kleben	91 Sitar gratis
92 Neger — Gazelle — Regen	24 Streitrotten
23 Neigung	51 Täte sie dies?
33 Nellys elf Punkte	33 Tartan
108 Nicht mehr modern	63 Thermisch
113 Nie Wiese sei weise ...	110 Töte
70 Niststudie	68 Tukan akut
50 No tata!	41 6 Verlagsregeln
98 Notlager	44 Via Mala
36 3 M	46 Von höchsten Höhen
115 Mit sargschwarzer Tinte ...	103 Vor der Hochzeit
32 Modellierton	66 weg
82 Möchtegernwitwer	52 Worldmusik
38 O Goethe	65 Zierat
49 O, nur Bruno	35 Ziergeissen
86 Omnizide Medizin	45 Zorbas' Basterli
78 otto nebels rune	83 11.9.2001

Anton Bruhin: Spiegelgedichte
und weitere Palindrome 1991-2002
ISBN 3-905591-62-6
© 2003 Urs Engeler Editor, Basel/Weil am Rhein und Wien
2. Auflage 2004
Gestaltung Marcel Schmid, Basel, gesetzt aus der Verdana
Druck Finidr, Český Těšín

http://www.engeler.at